Kirsten Schade

Leben mit dem Lymphödem

Erfahrungen und praktische Tipps für

Betroffene und Interessierte

Fotos: Corinna Hansen-Krewer, www.soul-feelings.de
Lektorat: Svenja Heneka, www.text-lektorat-koeln.com

Verlag: tredition GmbH, Hamburg

ISBN	978-3-7323-7615-5
Paperback	978-3-7323-7614-8
E-Book	978-3-7323-7616-2

Printed in Germany

Ganz plötzlich legt es Dich darnieder,
ganz schwer sind alle Deine Glieder.
Es schmerzet hier und zwickt auch dort,
die Krankheit quält in einem fort.
So bring nun den Verstand zur Ruh'
und schließe beide Augen zu.
Der Schlaf erquickt und schenkt Dir Kraft,
Gesundheit ist so schnell erschafft.
Es kommt, es geht – so ist das Leben.
Und manchmal wird einem gegeben,
wonach der Sinn gerad' nicht steht,
schon hat die Krankheit sich geregt.
Hab Mut, die Diagnose ist egal,
denn Du hast immer noch die Wahl,
zu singen, lachen, froh zu sein,
auch wenn es schmerzt und zwickt gemein.

Der Kampf des Körpers ist das Eine,
doch Deine Stimmung ist es, die ich meine –
sie ist dem Schmerz nie unterlegen,
durch Hoffnung wird sich Heilung regen.
Egal, was sich in Deinem Körper tut –
es geht vorbei – drum habe Mut.
So wie das Wasser seinen Lauf stets nimmt
und klaglos über Steine rinnt,
sein Schicksal nicht verändern kann –
so nimm auch Du das Leben an.
Vielleicht erscheint's nicht wirklich fair,
dass Du Dich quälen musst so sehr.
Doch glaub mir, es hat seinen Sinn,
drum sieh einmal genauer hin.
Und Du erkennst inmitten aller Schmerzen,
die Wahrheit tief in Deinem Herzen.

(unbekannter Verfassser)

Inhalt

Einleitung

Obwohl es in den letzten Jahren kontinuierlich mehr Aufklärung über die Erkrankung Lymphödem gibt, ist diese Krankheit leider immer noch viel zu unbekannt. Noch zu oft beginnt die Behandlung erst spät und verläuft nicht optimal.

Mit diesem Erfahrungsbericht möchte ich als Betroffene auf die Komplexität, die Schwierigkeiten aber auch die Möglichkeiten dieser Erkrankung aufmerksam machen. Sie darin unterstützen, möglichst gut und unabhängig mit einem Lymphödem zu leben und Ihre Lebensqualität weitgehend zu erhalten.

Bei dieser chronischen Krankheit müssen viele Zahnräder ineinandergreifen, damit der Patient adäquat diagnostiziert und therapiert werden kann. Vom erfahrenen Arzt über den engagierten Lymphtherapeuten, der bestenfalls noch Bandagist ist, hin zum spezialisierten Sanitätshaus bis zur Krankenkasse ist es ein langer Weg – aber auch ein Weg, den es sich lohnt zu gehen. Ich möchte Ihnen helfen, diese Erkrankung besser kennen zu lernen, Wege aufzeigen und hilfreiche Tipps weitergeben. Auch ich lerne ständig dazu und freue mich über Ihre Anregungen und Tipps, die ich gerne weitergeben möchte.

Als ich 1961 mit einem ungewöhnlich dicken Bein geboren wurde, waren die Ärzte ratlos, warum das so ist, geschweige wie das behandelt wird. Noch heute liegt ein Bericht vor, in dem geschrieben steht, dass sich das wohl noch auswächst. Auch meine Eltern waren mit dieser Erkrankung überfordert und ständig in Sorge. Als Kleinkind habe ich davon nicht viel mitbekommen, erst als in der Schule die Hänseleien anfingen, wurde mir bewusst, dass ich anders bin. Am schlimmsten war, dass die Krankheit keinen Namen hatte, somit war ich einfach nur entstellt. Erst nach über 20 Jahren wurde endlich eine Diagnose gestellt. Nun begann ein langer Weg mit zahlreichen Untersuchungen, Behandlungen, Rückschlägen und Komplikationen, aber auch beeindruckenden Erfahrungen, interessanten Gesprächen und engagierten Menschen.

2006 habe ich aus meinen Erfahrungen heraus, eine Beratungspraxis für Menschen mit Handicaps eröffnet. Man könnte sagen, ich habe aus der Not eine Tugend gemacht. Aber ich nenne das eine gute Fügung, denn nun kann ich all mein Wissen an Menschen weitergeben, die leider häufig aufgeben wollen oder einfach im Behördendschungel nicht mehr weiter wissen. Dadurch, dass ich selbst all diese Erfahrungen durchlebt habe, bin ich nahe an den erkrankten Menschen und kann so adäquate Hilfestellung leisten. Ich sehe nun einen Sinn in meiner Lebensgeschichte.

Ausschlaggebend ein Buch über dieses Thema zu schreiben, war die Mitwirkung als Patientin in dem Film von medi: „Leben mit Lymphödem – Aufklärung, Therapie, Lebensqualität". Dieser ist sehr informativ, aber ich wollte noch mehr aus meinen Erfahrungen beisteuern. Im Kopf waren die einzelnen Themen schon lange, doch das alles erst einmal zu akzeptieren, zu sortieren, zu bündeln und interessant zu schreiben, brauchte dann noch seine Zeit. Ich wollte weder nur meine persönliche Lebensgeschichte noch einen klassischen Ratgeber schreiben. Meine vielen Erfahrungen und die anderer Betroffener, die mir im Laufe meines Lebens begegnet sind und die ich gesammelt habe, sind es, die ich an Patienten, Angehörige und Interessierte nun weitergebe.

Ich möchte Mut machen für den schwierigen, aber machbaren Weg, mit einem Lymphödem zu leben. Denn wir leben nicht für das Lymphödem, sondern mit dem Lymphödem.

„Werden Sie zum Experten Ihrer eigenen Krankheit, das wünsche ich Ihnen."

Ganz herzlich bedanken möchte ich mich bei meiner Freundin, Mitarbeiterin und leidenschaftlichen Qigong-Trainerin Maria, meiner engagierten und kompetenten Pilates-Trainerin Susanne, bei Martina, einer passionierten Rolfing-Therapeutin und ganz besonders bei Monica. Sie hat mir die Krankheit noch einmal von einer anderen Seite gezeigt und von ihr durfte ich besonders viel lernen. Mein großer Respekt geht an meine Ärztin, die mich und ihre Patienten ernst nimmt, immer wieder aufbaut und gemeinsam nach Lösungen sucht. Meiner Tochter möchte ich für das Korrekturlesen und Ihre kreativen Ideen danken. Ein ganz besonderes Dankeschön geht an Corinna. Sie hat meine Covervorstellung optimal umgesetzt. Und ich danke Svenja Heneka – die kreative Lektorin im Dschungel der Buchstaben – die stets für mich ansprechbar war, für den herzlichen Austausch. Nur zusammen konnte dieses Projekt entstehen.

Moers, im November 2015
Kirsten Schade

Jeder Mensch kommt mit einem
speziellen Schicksal auf die Welt.
Er hat etwas zu vollbringen,
eine Nachricht zu vermitteln,
eine Arbeit fertigzustellen.

(Osho)

Kapitel 1

Mein Leben vor der Diagnose

Als ich mich dazu entschloss, ein Kapitel über mein Leben vor der Diagnosestellung **einseitiges, primäres, kongenitales Lymphödem** zu schreiben, wusste ich noch nicht, dass ich ziemlich tief graben muss und manch unangenehme Dinge wieder an die Oberfläche kommen.

1. Meine Kindheit und Jugend

Ich wurde im September 1961 geboren, als mittleres Kind mit zwei Brüdern. Es war das Jahr, in dem das Kindergeld eingeführt wurde, die ersten Zivildienstleister ihren Dienst antraten und die Antibabypille in der BRD zugelassen wurde.

Aber auch ein Jahr, in dem der Zusammenhang zwischen Contergan und den vielen Missbildungen bekannt wurde, worauf das verschreibungspflichtige Schlafmittel vom Markt genommen wurde. Ich muss wohl schon 13 oder 14 Jahre alt gewesen sein, als meine Mutter, die leider schon 2001 verstarb, mir erzählte, dass sie in meiner Schwangerschaft auch Schlafmittel genommen hatte, jedoch kein Contergan. Konnte ich jetzt erleichtert sein? Gab es einen Zusammenhang? Diese Fragen stellte ich mir erst einige Jahre später, denn eine Diagnose für mein „Anderssein" gab es noch nicht und verkürzte oder verstümmelte Gliedmaßen hatte ich auch nicht. Ich hatte einfach nur ein ganz dickes – doppelt so dickes – rechtes Bein. Nur der Vorfuß war untypischerweise normal. Ansonsten war ich sehr groß und schlank. Mein Vater sagte immer: „Da kommt eine lange Dürre". Meine Brüder waren beide gesund und darum beneidete ich sie häufig. Wenn mein Vater das bemerkte, sagte er nur: „Mein Mädchen ist so stark. Das würden ihre Brüder zusammen nicht schaffen". Er hat wohl recht behalten.

Bei meiner Geburt waren die Ärzte über meinen Anblick so erschrocken, dass ich direkt zur Untersuchung gebracht wurde. Mein Vater war bei meiner Geburt nicht im Kreißsaal und verstand nicht, weshalb er sein Kind nicht sehen durfte. So haben sich beide natürlich große Sorgen gemacht, was mit mir ist. Ich wurde erst einige Stunden später zu ihnen gebracht. Die Ärzte hatten keine Erklärung für die Missbildung und ich glaube, das war am schlimmsten für meine Eltern. Einfach nicht zu wissen, was ihr Kind hat und wie es behandelt werden kann. Sie sind mit mir zu Klinken und Ärzten gefahren, aber alle waren ratlos. Einer bescheinigte ihnen schriftlich „dass sich das noch auswächst". Gut, darauf warte ich noch heute. Meine Mutter sagte immer: „Wenn ich dir das doch nur abnehmen könnte" und war sehr unglücklich. Doch bemerkte sie auch, dass ich von klein auf versuchte, mich durchzusetzen. Intuitiv wusste ich wohl, dass ich nur mit Selbstbewusstsein, Zielstrebigkeit aber auch Neugier meinen Weg machen kann und werde.

Wirklich bewusst gemerkt, dass ich anders bin, habe ich erst in der Grundschule. Ich kann mich an eine Situation erinnern, als ich von der Schule nach Hause ging. Ein älterer Junge lief die ganze Zeit hinter mir her und rief immerzu: „Die Kirsten hat ein dickes Bein, die Kirsten hat ein dickes Bein." Ich lief immer schneller und schämte mich so sehr, dass diesen Satz jemand hören könnte. Ich wollte doch einfach nur normal sein.

Schwierig wurde auch der Schuh- und Stiefelkauf. Damals war es noch so, dass die Schuhverkäufer passende Modelle an den Platz brachten und beim Anprobieren halfen. Doch nur wenige Modelle kamen für mich in Frage. Dann hörte ich immer wieder dieselbe Frage, leise an meine Eltern gerichtet: Was hat denn das Kind? Wieso ist denn das eine Bein so dick? Sie ist doch sonst so dünn. Wenn doch nur jemand eine Antwort darauf gehabt hätte! Ich hatte das Gefühl, dass ich Schuld sei an diesem dicken Bein. Wie stolz war ich dann aber, wenn wir einen passenden Schuh fanden und ich diesen freudig meinen Freundinnen vorführen konnte. In diesen Momenten vergaß ich mein Anderssein und war einfach nur ein fröhliches, junges Mädchen.

Da ich auch noch angeborene Herzfehler habe, war ich von klein auf immer in verschiedenen Krankenhäusern zur Behandlung. Heute weiß ich, dass Menschen mit einem angeborenen Lymphödem oftmals noch weitere Begleiterkrankungen haben. In den Krankenhäusern gab es wie überall die unterschiedlichsten Ärzte. Einige waren einfühlsam, einige unsensibel. Bei den Visiten habe ich mich oft nicht getraut, die Bettdecke wegzuziehen. Denn was sollte ich auf die Frage antworten, wieso ich ein dickes Bein habe, wenn es noch nicht einmal die Ärzte wussten? Wenn ich einige Tage im Krankenhaus liegen musste, gab es einen großen Vorteil: Mein Bein wurde sichtlich schlanker. Damals war es wohl erst noch das Stadium 1–2, denn ich kann mich erinnern, dass ich noch Dellen in den Unterschenkel drücken konnte.

Hätte ich damals schon die **Komplexe Physikalische Therapie (KPE)** nutzen können, hätte man dieses Ergebnis sicherlich verbessern und gut halten können. Doch da es weder Diagnostik noch eine Therapie gab, wurde mein Bein natürlich sofort nach Verlassen der Klinik wieder dick. Wenn ich jetzt in den Fachkliniken Säuglinge oder Kinder mit einem Lymphödem sehe, bin ich einerseits traurig, was den Kindern noch bevor steht, andererseits aber glücklich, über all die Möglichkeiten und die weitere Entwicklung. Allerdings sind hier insbesondere die Eltern und Familie gefragt, denn es ist wichtig, den Kindern das notwendige Selbstwertgefühl zu geben, damit sie zum einen die Erkrankung, aber auch die Therapie nachhaltig akzeptieren und zu Hause umsetzen. So werden die Eltern der Kinder bei stationären Aufenthalten geschult, um die Technik der manuellen Lymphdrainage und das Anlegen von Kompressionsbandagen zu erlernen und in den Alltag zu integrieren.

2. Das primäre Lymphödem des Kindes

Laut der Studie „Das Primäre Lymphödem des Kindes: Langzeittherapieverlauf und Lebensqualität" von Johanna Schöhl (2010) „vergehen im Durchschnitt zwischen **Ödemmanifestation** und der ersten Vorstellung in der Klinik viereinhalb Jahre. Es ist wünschenswert, diesen Zeitraum zu verkürzen bzw. so gering wie möglich zu halten. Eine rasche Therapieeinleitung kann in der Regel eine **Progredienz** aufhalten, Komplikationen verringern und führt somit zu besseren Ergebnissen. Insbesondere hier nochmal ein Apell an alle Kinderärzte, sensibel auf mögliche Ödeme zu reagieren und auch an spezielle Kliniken zu überweisen."

Es sollte also so früh wie möglich mit der Komplexen Physikalischen Therapie begonnen und Eltern sowie Familienmitglieder in die Therapiemaßnahmen eingewiesen werden. Lassen Sie sich alles genau erklären und reden Sie mit Ihren

Kindern über jegliche Fragen, das gibt Sicherheit. Ein gutes Vertrauensverhältnis Ihnen und auch dem Therapeuten gegenüber ist ein wichtiger Faktor, auch im Hinblick auf die Pubertät. Dabei sind der Kontakt und Austausch zu anderen Betroffenen sehr positiv und wichtig, gerade auch außerhalb der Familie.

3. Ich bin anders als die anderen

Ich ging auf die weiterführende Schule. Jetzt begann die Problematik der Pubertät. Ein Thema war natürlich auch die passende Kleidung. Es war die Zeit der Miniröcke – was bei mir gar nicht ging – und der engen Jeans – was natürlich auch ein riesen Problem war. Hier die passende Garderobe zu finden, war fast wie die Nadel im Heuhaufen.

Ich wollte einfach vermeiden, dass irgendjemand sah oder bemerkte, dass ich ein dickes und ein dünnes Bein hatte. Denn was hätte ich sagen sollen, zumal ich groß und sehr dünn war? Viele meiner Schulfreundinnen meinten, ich wäre ein geeignetes Model, sehr schlank und groß. Was sollte ich darauf antworten, weshalb das für mich gar nicht in Frage kommen kann? So entschloss ich mich schöne lange Mäntel, die damals sehr in Mode waren, anzuziehen. Und einfach nicht mehr auszuziehen. Ja richtig, ich habe sie einfach immer und überall angelassen. Im Klassenraum, in der Disco und auch bei 30 Grad im Sommer. Auf die Frage, warum ich denn immer meinen Mantel anlasse, versuchte ich fadenscheinige Ausreden zu erfinden, was mal mehr, mal weniger gut klappte. Heute bin ich einfach nur traurig, dass ich meine Kindheit und Jugend nie richtig genießen und leben konnte.

Ich weiß auch nicht warum, aber ich kann mich nicht daran erinnern, dass ich jemals ein ernstes Gespräch mit meinen Eltern über diese Problematik geführt hätte. Irgendwie wurde das immer totgeschwiegen. Es traute sich keiner so richtig, darüber zu sprechen. Ich am allerwenigsten. Ich weiß, dass ich immer den Menschen zuerst auf die Beine geschaut habe, um zu sehen, ob es auch noch andere mit dem gleichen Schicksal gibt. Das erste Mal, dass ich eine Frau mit einem dicken – linken – Bein gesehen habe, war in der Földiklinik. Ich kann mich noch genau daran erinnern.

Wir saßen beide vor dem Arztsprechzimmer, sahen uns an, sahen auf die Beine der anderen und waren erst einmal sprachlos. Dann kamen wir ganz schnell ins Gespräch und da wir auch im gleichen Alter waren, freundeten wir uns sehr schnell an. Jutta – wenn du mein Buch lesen solltest – ich würde mich so sehr über eine Nachricht von dir freuen!

4. Endlich der Befund: Hypoplasie der Lymphbahnen im rechten Becken und Bein

1977 habe ich meinen Mann kennengelernt. Für ihn war das nie ein Problem. Er liebt mich einfach so, wie ich bin. Das konnte ich oft nicht verstehen, denn ich nahm an, dass es doch jeder sofort sehen muss. Heute weiß ich, dass ich allein das Problem hatte. Ich war geradezu fixiert auf meine Beine. 1984 haben wir geheiratet. Im gleichen Jahr kam meine Tochter zur Welt. Während der Schwangerschaft wurde mein Bein noch dicker. Sicherlich auch deshalb, weil ich ja noch keinerlei Kompressionsstrümpfe hatte. Meine große Sorge war, dass meine Tochter das gleiche Schicksal erbt.

Mein erster Blick nach der Geburt galt ihren Beinen. Wie froh war ich, als ich zwei gleiche, gesunde Beine sah! Ich konnte den Blick nicht von ihnen lassen, weil ich mich immer wieder vergewissern wollte, dass die Beine wirklich gleich sind. Auch mein Sohn, der vier Jahre später geboren wurde, war gesund. Da sich in der Schwangerschaft das Ödem merklich verschlechterte, hegte mein Gynäkologe einen ersten Verdacht und schickte mich 1985 zur Radiologie.

Dort wurde eine **direkte Lymphographie** mit öligem Kontrastmittel durchgeführt. Diese Methode wird heute wegen zu hoher Risiken nicht mehr durchgeführt. In die Schwimmhäute der Zehen wurde eine ölige Flüssigkeit gespritzt und in regelmäßigen Abständen wurden Röntgenbilder vom Verlauf der Flüssigkeit aufgenommen. Von frühmorgens bis spätnachmittags lag ich auf dem kalten Röntgentisch. In der Mittagszeit war ich dann eine Zeit lang alleine in der Praxis, da alle Mitarbeiter Pause hatten. Aber ich hielt durch, denn ich wollte endlich wissen, was ich habe. Am späten Nachmittag dann der Befund: Lymphödem des rechten Beines und der Hüfte aufgrund einer **Hypoplasie der Lymphbahnen** der rechten Beckenetage.

In meinem Kopf schwirrte es: Was bedeutet das? Werde ich endlich gesund? Dass mein Weg jetzt erst anfing, konnte ich zu diesem Zeitpunkt noch nicht ahnen.

Wenn wir an unsere Stärke glauben, so werden wir täglich stärker.

(Mahatma Ghandi)

Kapitel 2

Diagnose: Einseitiges, primäres, kongenitales Lymphödem

1985, also nach 24 Jahren, hatte ich endlich einen konkreten Befund. Mir schwirrte der Kopf, denn damit konnte ich nichts anfangen. Ich hatte nur die Hoffnung, dass mir jetzt endlich geholfen werden konnte und es endlich weitergeht.

1. Der Unterschied zwischen einem primären und einem sekundären Lymphödem

Mein erster Weg führte mich zu meinem Hausarzt. Dort erfuhr ich, dass sich bei einem Lymphödem die eiweißreiche Lymphflüssigkeit im Gewebe und in den Gewebezwischenräumen anstaut, weil der Lymphabfluss gestört ist.
Eine **Hypoplasie,** wie in meinem Fall, bedeutet, dass zu wenig oder zu enge Lymphgefäße vorhanden sind. Weiter erklärte er, dass bei mir eine angeborene d.h. primäre Schädigung des Lymphsystems vorliegt. Bei einem **sekundären Lymphödem** ist die Schädigung des Lymphsystems durch z. B. einer Krebserkrankung oder einen Unfall entstanden.

Da ich bereits damit geboren wurde, nennt man es **kongenitales Lymphödem**. Allerdings kannte er keinen Arzt, zu dem er mich weiter überweisen könnte. Denn einen Facharzt für Lymphologie gibt es bis heute nicht.

So führte mich mein zweiter Weg zu meinem Gynäkologen. Er erklärte mir auch noch einmal die Begrifflichkeiten, konnte mir aber auch nicht weiterhelfen. Leider war das Internet 1985 noch nicht etabliert und in den Büchereien vor Ort fand ich auch keine Lektüre. Jetzt hatte ich zwar eine Diagnose, aber immer noch keine Therapie.

2. Erster Aufenthalt in einer Rehaklinik

Kurz nach der Diagnose folgten einige Klinikaufenthalte mit Operationen, bei denen das Ödem durch das lange Liegen recht schnell etwas weicher und weniger wurde. Während der Schwangerschaft meines Sohnes 1988 und daraus resultierender akuter Verschlechterung des Ödems, sagte mir mein Gynäkologe, dass er sich erkundigt habe und es eine Klinik für Gefäßerkrankungen im Oberbergischen gibt.

Dorthin würde er mich gerne überweisen. Ein Jahr später wurde ich dort aufgenommen. Hier bekam ich das erste Mal eine Lymphdrainage mit anschließendem Wickeln. Wobei das Wickeln mal mehr, aber öfter weniger gut klappte. Leider hatte ich noch keinen Kompressionsstrumpf, so dass das Ergebnis nicht lange vorhielt. Zusätzlich bekam ich Anwendungen mit einem apparativen, einbeinigen Hydropress-Gerät: einem **Lymphomaten**. In dieser Beinmanschette sind Luftkammern eingearbeitet. Der Druckaufbau in den Luftkammern erfolgt nacheinander als „Druckwelle", von unten nach oben, und kann so die manuelle Lymphdrainage ergänzen. Zu dieser Zeit konnte man immer noch leichte Dellen in meine Haut drücken.

Nach Abschluss des Klinikaufenthaltes wurde mir ein einbeiniges 3-Kammer-Lymphgerät empfohlen und auch bewilligt. Ein Kompressionsleistenstrumpf wurde auch angeraten.

3. Der Unterschied zu einem Lipödem

In dieser Klinik lernte ich eine Therapeutin kennen, die zwar am Oberkörper genauso schlank war wie ich, aber starke Hüften, einen kräftigen Po und zwei sehr stämmige Beine hatte. Das passte proportional überhaupt nicht zusammen. Außerdem klagte sie über starke Druckschmerzen und Blutergüsse. Diese Symptome hatte ich nicht. Sie hatte schon einige Diäten hinter sich, aber die Beine wurden immer dicker statt dünner. Damals wussten wir beide nicht, dass sie ein **Lipödem** hat. Ein **Lipödem** ist eine krankhafte Fettverteilungsstörung, die in der Regel nur Frauen betrifft. Lokalisiert ist es an den Beinen und am Gesäß, oft auch an den Armen. Die Füße sind unauffällig und eine Diät hilft hier nicht. Auch ist die Ursache noch nicht geklärt. Sie suchte dringend einen Arzt, der ihr helfen kann, auch wegen ihrer starken Schmerzen. Wir tauschten uns aus und waren beide mit unserer Situation unglücklich.

Wieder zu Hause versuchte ich den verordneten Kompressionsstrumpf nach Maß zu bekommen. Dabei scheiterte ich kläglich. Das Sanitätshaus versuchte es zwar, aber die Maße stimmten irgendwie nicht mit denen meines Beines überein. Entweder war er zu weit, zu lang oder hing in der Kniekehle, dass es nur einschnitt. So blieb der Strumpf in der hintersten Schublade liegen und mein Bein, trotz fast täglicher, mechanischer Kompression dick.

4. Endlich die richtige Adresse: Földiklinik

Bei meinem nächsten Gynäkologenbesuch sagte mein Arzt: „Ich glaube, jetzt habe ich die richtige Klinik für Sie." Und das war sie: die Földiklinik. 1991 hatte ich dort meinen ersten ambulanten Termin und ein Jahr später die erste stationäre Reha. Von meinem Heimatort 600 km entfernt, fuhr ich natürlich voller Hoffnung und Erwartung dorthin. Es war eine reine Fachklinik für Lymphologie. Ich war einfach nur verblüfft, wie viele Menschen, hauptsächlich Frauen, Probleme mit Ödemen haben. Dachte ich doch bis dato, dass es nur mich mit dieser Erkrankung gibt. Hier waren Patienten mit **primären** und **sekundären Lymphödemen**, mit **Lipödemen**, **Lipo-Lymphödemen** und weiteren Formen. Und nicht nur an den Beinen, sondern auch an den Armen, dem Gesicht und Kopf, am Rumpf und den Genitalien.

Viele Patienten entwickelten nach Krebserkrankungen als Begleiterkrankung ein Lymphödem, da bei der Operation viele Lymphknoten entfernt wurden. Heutzutage entnehmen die Operateure zunächst oft nur den sogenannten Sentinel-Lymphknoten oder Wächterlymphknoten. Er liegt in der Nähe des Tumors und ist der erste, der normalerweise von wandernden Tumorzellen befallen wird. So ist das Risiko für ein Lymphödem geringer als nach einer Entfernung mehrerer Lymphknoten.

So unterschiedlich die Ursache, so einheitlich war die Therapie: die Komplexe Physikalische Entstauungstherapie (KPE). Das heißt manuelle Lymphdrainage, Kompression, Hautpflege und Bewegung. Bei dieser ersten Reha lernte ich auch die Selbstbandage. Anfänglich habe ich mich richtig dagegen gesträubt, doch ich bin immer noch glücklich, dass mich der damalige Therapeut, mehr oder minder gegen meinen Willen, dazu gedrängt hat, dies zu lernen. Ich profitiere 24 Jahre später immer noch von meinen Bandage-Erfahrungen.

5. Selbstmanagement: Stark sein mit chronischer Erkrankung

In den vielen Gesprächen mit Mitpatienten, waren die meisten glücklich, endlich eine adäquate Therapie zu bekommen. Diese war zwar aufwendig und sichtbar, aber machbar. Viele erhielten auch zum ersten Mal eine Diagnose. Hier verspürten alle Erfolge und konnten sich austauschen. Die Therapeuten waren hoch motiviert. Der Austausch zwischen ihnen und den Ärzten erfolgte nicht nur im Arztzimmer, sondern auch bei den wöchentlichen Visiten, die immer auch mit Frau Dr. Földi stattfanden. Gerade der Austausch mit Betroffenen war für uns alle sehr wichtig. Zu wissen, dass man nicht alleine mit dieser Krankheit durchs Leben gehen muss, tröstete und stärkte. Hier motivierten wir uns gegenseitig. In Vorträgen wurden wir über das Krankheitsbild aufgeklärt. Wir erfuhren, was man als Patient selbst tun kann und wie die optimale Therapie aussieht.

Sicherlich fragten sich viele: Warum gerade ich? Zumal das ja auch eine seltene Krankheit ist. Doch in den vielen Gesprächen wurde auch klar, dass eine Krankheit auch ein Signal ist, etwas in unserem Leben zu ändern. Etwas zu tun, was uns trotz allem Freude und Erfüllung bringt. Wir selber können entscheiden, ob es zu einem sinnerfüllten Leben mit einer positiven Lebensqualität wird, trotz Einschränkungen. Wobei man ja immer fragen muss: Wer hat schon keine Einschränkungen? Kein Tag ist wie ein anderer und das betrifft alle Menschen.

Lassen wir uns nicht den Mut nehmen und die Herausforderung annehmen. Von diesen Herausforderungen möchte ich in den folgenden Kapiteln berichten.

Es gibt nur zwei Tage in deinem Leben,
an denen du nichts ändern kannst.
Der eine ist gestern
und der andere ist morgen.

(Dalai Lama)

Kapitel 3

Probleme und Möglichkeiten in der ambulanten Versorgung

Hat man die Diagnose endlich erhalten, geht es an die Therapie. Das Mittel der Wahl ist hier die Komplexe Physikalische Entstauungstherapie (KPE). Auch muss man sich nun mit Hilfsmitteln und Heilmitteln auseinandersetzen. Welche Probleme, aber auch Möglichkeiten es hier gibt, möchte ich Ihnen nun näher erläutern.

1. Das Lymphödem erkennen

Das Lymphödem ist eine chronische Erkrankung als Folge einer primären oder sekundären Lymphtransportstörung der Lymphe aus dem Gewebe. Primär heißt, es ist eine angeborene Fehlbildung (z. B. zu enge oder zu wenige Lymphgefäße) und sekundär eine erworbene (z. B. durch Operationen, Bestrahlung, Verletzungen oder Unfälle). So kann ein Lymphödem auch noch Monate oder Jahre nach einer Krebserkrankung auftreten.

Doch woran erkennt man eigentlich ein Lymphödem? Es fängt meist mit einer einseitigen Schwellung an einem Arm oder Bein an, die allerdings beim Hochlegen der **Extremität** wieder leicht zurückgeht. Drückt man auf das geschwollene Gewebe, bildet sich zuächst noch eine Delle. Wenn das Lymphödem länger besteht, ist die Haut an der betroffenen Körperregion fest, prall und angespannt. An den Zehen kann man die Haut nicht mehr abheben und sie sind meist kastenförmig. Das ist das sogenannte „Stemmer'sche Zeichen". Auch nach längerem Hochlagern bleibt das Ödem bestehen. Im letzen Stadium verhärtet sich die Haut, die Schwellung nimmt weiter zu und kann enorme Ausmaße annehmen.

Kleinste Verletzungen der Haut können zu Entzündungen oder Infektionen, wie dem gefürchteten **Erysipel**, führen. Ebenso können weitere Komplikationen wie **Lymphfisteln**, sogenannte Bläschen aus denen Lymphe austritt, entstehen. Es ist also maßgeblich wichtig, ein Lymphödem rechtzeitig zu erkennen und zu behandeln.

Weltweit wird die Zahl der Menschen mit chronischem Lymphödem auf mindestens 200 Mio. geschätzt und allein in Deutschland auf über 4 Mio. Erkrankte, die an einem Lip- oder Lymphödem leiden.

Es gibt bei Diabetes den Diabetologen, bei Herzkrankheiten den Kardiologen und bei Rückenerkrankungen den Orthopäden. Doch für Patienten mit einem Lymphödem gibt es keinen Lymphologen. Das liegt daran, dass es dafür bisher in der Medizin keinen Lehrstuhl gibt, was wiederum zu Wissensdefiziten bei Ärzten führt. Die Folge ist die Unter- und Fehlversorgung von Patienten mit chronischem Lymph- aber auch Lipödem. Der Berufsverband der Lymphologen (BvdL) und die Deutsche Gesellschaft Lymphologie (DGL) arbeiten daran, das es hoffentlich bald für Ärzte eine Zusatzbezeichnung „Lymphologie" gibt, damit es endlich eine klare Abgrenzung zu anderen Gebieten gibt und Ärzte dann auf einem gemeinsamen Wissensstand sind. Denn: ohne sichere Diagnose keine adäquate Therapie.

So kommt es häufig vor, dass Patienten von Arzt zu Arzt geschickt werden, ehe endlich diagnostiziert und therapiert werden kann. Da es häufig zu Komplikationen, wie einem Erysipel oder offenen Wunden, kommt, wird man zur Abklärung zum Facharzt geschickt. Meine Erfahrung ist: Je mehr Fachärzte man aufsuchen muss, desto größer ist die Chance, dass ein Arzt dabei ist, der sich mit der Erkrankung Lymphödem auskennt und endlich entsprechend handelt. So haben viele Patienten eine wahre Ärzte-Odyssee hinter sich. Fragt man in Kliniken oder ambulanten Praxen nach, so hört man häufig, dass erst nach sehr vielen Jahren eine gesicherte Diagnose gestellt wurde. Das bestätigt auch die Lymphstudie Ochtrup: „Anamnesedauer der Beschwerden 11,5 Jahre."

2. Die Therapiemöglichkeiten des Lymphödems

Ist nun endlich eine gesicherte Diagnose gestellt, geht es an die Therapie. Hier kommt die Komplexe Physikalische Entstauungstherapie (KPE) zum Einsatz. Die KPE besteht aus folgenden therapeutischen Komponenten:

1. Hautpflege (siehe Kapitel 4)
2. Manuelle Lymphdrainage (MLD)
3. Kompressionstherapie (Bandage bzw. Kompressionsversorgung)
4. Bewegung (siehe Kapitel 7)

Doch diese Therapie hängt von 4 entscheidenden Faktoren ab:

- dem Arzt, der nach der Diagnose die passende und ausreichende Verordnung schreibt,
- dem Therapeuten, der die manuelle Lymphdrainage adäquat ausführt und im besten Fall auch die Bandage anlegen kann,

- dem Sanitätshaus, welches die Kompressionsversorgung ordentlich ausmisst und nähen lässt,
- und zu guter Letzt der Krankenkasse, die das alles genehmigen und zahlen muss.

Gegebenenfalls kann die Therapie auch noch von einer Pflegefachkraft oder weiteren Fachärzte, wie Onkologen, Orthopäden usw., abhängen.

Hier sieht man, welche Hürden genommen werden müssen und wie die Zahnräder ineinander greifen sollten. Da dieses Problem schon sehr lange bekannt ist, haben sich in den letzten Jahren mittlerweile ca. 60 regionale und überregionale **Lymphnetze** entwickelt, Tendenz steigend. Dort kooperieren erfahrene Ärzte, engagierte Lymphtherapeuten und spezialisierte Sanitätshäuser miteinander, um den Patienten bestmöglich versorgen zu können. Auch werden dort Vorträge und Schulungen für Ärzte, Therapeuten, Mitarbeiter von Krankenkassen und Patienten durchgeführt und sogar Selbsthilfegruppen können sich hier angliedern. Denn nur der regelmäßige Austausch der verschiedenen Beteiligten untereinander fördert die optimale lymphologische Versorgung. Auch bei mir am Niederrhein entsteht gerade ein erstes Netzwerk mit engagierten Ärzten, erfahrenen Sanitätsfachkräften und qualifizierten Lymphtherapeuten. Das Interesse der Betroffenen ist sehr groß und auch ich freue mich, hier mitwirken zu können.

Ich selbst fahre schon seit über 20 Jahren jedes halbe Jahr mehrere 100 km zu einem Sanitätshaus, bei dem ich genau weiß, dass die Strumpfversorgung präzise angemessen wird und aktuelle Problematiken berücksichtigt werden. Da die Kompressionsversorgung täglich viele Stunden getragen werden muss, darf nichts einschnüren oder herunter rutschen. Ich muss das Gefühl haben, dass es wie eine zweite Haut sitzt. Sicherlich keine leichte Aufgabe, aber lösbar durch den ständigen Austausch und ein Miteinander. Denn auch das Ödem verändert sich kontinuierlich. Ob durch Gewichtsab- bzw. -zunahme oder aber Komplikationen.

An dieser Stelle möchte ich mich ganz herzlich bei meiner hochqualifizierten und motivierten Mitarbeiterin vom Sanitätshaus meines Vertrauens bedanken. Ich kann ihr nicht oft genug sagen, inwieweit sie mein Leben medizinisch und menschlich positiv mitgestaltet hat.

> **TIPP:** Informieren Sie sich, ob es in Ihrer Umgebung schon ein Lymphnetz gibt und wenn nicht, erzählen Sie Ihrem Therapeuten, Arzt oder Sanitätshaus davon. Denn diese wollen doch auch nicht, dass Sie als Kunde abwandern. Vielleicht ist es auch Motivation, selbst ein Netzwerk in Ihrer Umgebung aufzubauen?

3. Das Hilfsmittel Kompressionsversorgung

Wie oft steht mir eigentlich eine Kompressionsversorgung zu? Und wie unterscheiden sie sich? Fragen, auf die es scheinbar die verschiedensten Antworten gibt.

Bei der Kompressionsbestrumpfung unterscheidet man zwischen rundgestrickten und flachgestrickten. Die rundgestrickten Kompressionsstrümpfe sind ohne Naht und werden vornehmlich bei Venenproblemen eingesetzt. Diese Art der Kompressionsstrümpfe wird mit gleichbleibender Maschenzahl über die gesamte Länge und mit variierender Maschengröße gefertigt. Die flachgestrickten Strümpfe haben eine Naht und werden Masche für Masche exakt der Körperform nachgestrickt. So können unterschiedliche Formen und Größenunterschiede individuell und passgenau hergestellt werden. Aus diesem Grund werden flachgestrickte Strümpfe bei der Diagnose Lymphödem und Lipödem verordnet.

Die Kompressionsklasse gibt den Druck an, den der Strumpf auf die Hautoberfläche ausübt. Je nach Grad der Erkrankung gibt es vier unterschiedliche Klassen, die sich in erster Linie in der Festigkeit des Materials und der Druckstärke unterscheiden. Wenn auch dieser Druck nicht ausreicht, gibt es die Möglichkeit der Doppelbestrumpfung. Das heißt z. B. über einen Leistenstrumpf noch eine Strumpfhose zu ziehen. Sind die Zehen oder Finger mitbetroffen, gibt es entsprechende Zehen- oder Fingerkappen. Ausführungen und Kompressionsklasse legt der verordnende Arzt – oft auch in Zusammenarbeit mit dem Sanitätshaus – fest.

Kompressionsware ist ein Hilfsmittel, welches auf Rezept vom Arzt verordnet wird. Hilfsmittel sollen den Erfolg einer Krankenbehandlung sichern, einer drohenden Behinderung vorbeugen oder eine Behinderung ausgleichen (§ 33 Abs. 1 SGB V). Im Hilfsmittelkatalog steht zur Verordnung folgendes:

> Die Mindesthaltbarkeit beträgt bei regelmäßiger Nutzung in der Regel sechs Monate. Die Krankenkassen haben Hilfsmittel grundsätzlich nur in einfacher Stückzahl zu gewähren. **Eine Mehrfachausstattung darf jedoch dann vorgenommen werden, wenn das Hilfsmittel aus hygienischen Gründen häufiger gewechselt werden muss.**
> Im Ausnahmefall kann die Mehrfachausstattung auch aufgrund der **besonderen Beanspruchung** durch die Versi-

cherten zweckmäßig und wirtschaftlich sein.
(siehe: Verordnungsgrundsätze der Hilfsmittel-Richtlinien).

Somit steht Ihnen ein Wechselpaar (ein Paar waschen/ein Paar tragen im Wechsel) zu. Und das halbjährlich oder bei Bedarf sogar in kürzeren Intervallen z. B. bei Abnutzung, aus beruflichen Gründen oder wenn sich die Maße bedeutend geändert haben. Das bedeutet also, dass jeder, der diese Strümpfe täglich trägt und aus medizinischen Gründen tragen muss, diese ja auch täglich waschen muss – gerade um Infektionen und daraus entstehende Komplikationen zu vermeiden. Somit sind die hygienischen Gründe erfüllt. Fragen Sie doch mal im Falle einer Ablehnung, ob Ihr Sachbearbeiter seine Unterwäsche täglich wechselt. Sie wollen, machen und müssen das.
Interessantes zum Thema „Hilfsmittel" finden Sie auch unter **www.rehadat-hilfsmittel.de.**

Bei einer Ablehnung haben Sie die Möglichkeit schriftlich Widerspruch einzulegen. Hierfür haben Sie einen Monat nach Zugang des Bescheides Zeit. In diesem Widerspruch können Sie anhand Ihrer persönlichen Situation darstellen, warum dieses Hilfsmittel notwendig ist – vergessen Sie die Hygiene nicht – und lassen es sich auch noch von Ihrem Arzt bescheinigen. Sollte das keinen Erfolg haben und dieser Widerspruch abgelehnt werden, können Sie innerhalb eines Monats eine Klage einreichen. Suchen Sie sich hier Hilfe durch z. B. einen Fachanwalt für Sozialrecht (bei vorhandener Rechtsschutzversicherung) oder schalten Sie einen Sozialverband **Vdk** oder **SoVD** ein. Als ich vor vielen Jahren eine Ablehnung für eine Wechselversorgung bekam, fuhr ich kurzerhand in die Geschäftsstelle und stellte mich dem Sachbearbeiter vor. Er war überrascht, zum einen über meinen spontanen Besuch, aber auch über die Ausmaße des Ödems und der Kompressionsversorgung. Er konnte sich bis dato nicht vorstellen, warum das alles so teuer ist und wieso man davon auch noch zwei Stück benötigt. Es war ein kurzes und klärendes Gespräch.

Wenn ein Hilfsmittel bewilligt wurde, steht in der Regel im zugeschickten schriftlichen Bescheid die Höhe der genehmigten Summe. Gerade Kompressionsversorgungen liegen oft im drei- bis vierstelligen Bereich. Ich appelliere an jeden einzelnen, sich diese Kosten bewusst zu machen und in Eigenverantwortung die individuelle Kompressionsversorgung anzuziehen und nicht im Schrank verstauben zu lassen. Wie alle Rehapatienten wissen, kommen viele Patienten aus dem Ausland in die deutschen Lymphkliniken, um dort endlich eine adäquate Behandlung zu erfahren. In vielen, auch europäischen Ländern, gibt es diese Therapien erst gar nicht und in einigen Ländern ist es nur privat zahlbar. Wieder im Heimatland gibt es häufig kaum Therapeuten, die eine adäquate Lymphdrainage durchführen und auch keine weitere Kompressionsversorgung. Um diese Kostenübernahme durch die gesetzlichen Krankenkassen werden wir deutschen Patienten oft beneidet. Wir alle zahlen durch unsere Krankenkassenbeiträge in die Solidargemeinschaft ein, und wollen doch auch, dass diese Gelder nur an diejenigen weitergegeben werden, die es dringend benötigen und dann auch nutzen.

4. Bandagieren in der ambulanten Praxis

Die Kompressionsmöglichkeit zur **Entödematisierung** ist der lymphologische Kompressionsverband, kurz Bandage. Der besondere Vorteil ist, dass sie sich bei jedem Anlegen an die momentanen Ausmaße des Ödems anpasst. Diese verringern sich während der Entstauungsphase so lange, bis die bestmögliche Reduktion erreicht ist. Dies nennt man auch die **Phase I der Komplexen Physikalischen Entstauungstherapie (KPE)**.

Dieser Vorgang ist in einer lymphologischen Reha in der täglichen Therapie integriert, in der ambulanten Praxis schlecht bis gar nicht umsetzbar. Aber warum ist das so? Hier soll der Patient einige Wochen lang, ca. 5 x pro Woche, in der Praxis seine manuelle Lymphdrainage mit anschließender Bandagierung bekommen. Danach erst erfolgt die Abmessung des Kompressionsstrumpfes. Das hat Vor- und Nachteile: Vorteile sind, dass der Patient evtl. weiterhin seiner Arbeitstätigkeit nachgehen kann und im gewohnten sozialen Umfeld bleibt. Bei Verschlechterung des Ödems oder der Ablehnung einer stationären Reha, kann so schnell und unbürokratisch entgegengewirkt werden. Ausserdem werden die Kosten für eine stationäre Heilbehandlung eingespart. Nachteile sind, z. B. bei einer Beinbandage, dass Autofahren nicht erlaubt ist. Auch müssen die Lymphtherapeuten versiert im Bandagieren sein. Denn die Bandage muss bis zur nächsten Therapie halten.

Oft kommt es zu Verzögerungen zwischen Entstauung und Strumpf-Fertigstellung. Aber was noch wesentlicher ist: Wo findet man Praxen, die das anbieten? Lymphpatienten sind teuer, da wir viel Zeit beanspruchen, die nicht zur Kostenkalkulation der Therapeuten passen. Hier weise ich noch einmal auf die entstehenden Netzwerke hin, bei denen Ärzte, Therapeuten und Sanitätshaus eng zusammenarbeiten. So besteht langfristig eher die Chance, auch ambulant die Phase I der KPE durchzuführen.

Als Lymph- oder auch Lipödempatient ist das ambulante Heilmittel die manuelle Lymphdrainage. Diese wird von Physiotherapeuten oder Masseuren mit entsprechender Zusatzqualifikation auf Verordnung des Arztes durchgeführt. Sie dient der Entstauung von geschwollenem Gewebe. Dabei werden spezielle Handgriffe angewandt. Durch die zusätzliche Bauchtiefdrainage, kombiniert mit einer speziellen Atmung, kann so eine Sogwirkung erzielt werden, die den Abtransport der Gewebsflüssigkeit begünstigt. So kann das Gewebe abschwellen und wird weicher, Schmerzen werden reduziert. Nach einer Lymphdrainage zieht man entweder seine Kompressionsversorgung an oder bekommt eine Kompressionsbandage.

Wie bereits erwähnt, gibt es sehr viele motivierte und engagierte Therapeuten. Leider gibt es aber auch immer mal wieder Unmut über Therapeuten, die z. B. die Zeit – 30/45/60 Minuten für die Lymphdrainage – nicht einhalten oder bei denen man das Gefühl hat, nicht ausreichend behandelt zu werden. Sie können die Therapiepraxis jederzeit wechseln, auch während eines laufenden Rezeptes. Streichen Sie auf der Rückseite des Rezeptes alle noch verbliebenen Behandlungs-Einheiten durch. Versuchen Sie eine Kopie des Rezeptes zubekommen und gehen Sie, auch wenn Sie keine Kopie erhalten haben, zu Ihrem behandelnden Arzt. Schildern Sie den Sachverhalt und er wird Ihnen ein neues Rezept ausstellen.

Die Verordnung von Heilmitteln auf einem Kassenrezept wird durch Gesetze, Richtlinien und zahlreiche Bestimmungen geregelt. Hierbei den Überblick zu behalten, ist schwer.

Da es sich ja um ein chronisches Leiden handelt, wird aus den Erstverordnungen schnell eine Verordnung außerhalb des Regelfalls. Viele Patienten beklagen sich über die Zurückhaltung der Ärzte, entsprechende Rezepte auszustellen. Das hat den Grund, dass viele Ärzte Angst haben, durch das Verschreiben von zu vielen Heilmittelverordnungen (Rezepte) das individuelle Budget zu überschreiten. Jeder Vertrags- oder Kassenarzt bekommt eine vereinbarte Richtgröße pro Patient zugewiesen, mit einem errechneten Maximalbetrag, den der Arzt verordnen darf. Wird dieser um 15 % überschritten, muss er ein Prüfverfahren durchlaufen. Gegebenenfalls muss der Arzt dann sogar einzelne Verordnungen selbst bezahlen. Liegt er gar 25 % darüber, wird er grundsätzlich in Regress genommen, das heißt seine nächste Honorarzahlung wird entsprechend gekürzt.

Die Ärzte lehnen dieses Verfahren ab, sind aber aufgrund der Gesetzeslage daran gebunden. Das wiederum geht natürlich zu Lasten der Patienten, die aufgrund dessen oft keine oder zu wenig Rezepte bekommen. So kann man nur die Abschaffung der Regresse fordern, damit Ärzte wieder alle notwendigen Heilmittel, aber auch Medikamente verschreiben dürfen und können.

6. Die Langfristverordnung

Seit dem 01.07.2011 gibt es für Patienten mit besonders schweren und dauerhaften Erkrankungen die Möglichkeit der Langfristverordnung. Leider kennt sich damit kaum einer aus.

Der große Vorteil ist, dass diese Verordnungen dann nicht mehr der Wirtschaftlichkeitsprüfung unterliegen und somit

auch nicht das Heilmittelbudget des Arztes belasten. Von dieser Regelung sollten nur Patienten Gebrauch machen, die Schwierigkeiten haben, Verordnungen in einem ausreichenden Umfang für ihre Heilmittelbehandlung zu erhalten. Wird der Antrag bei der Krankenkasse genehmigt, ist zu beachten, dass für die fortlaufende Heilmittelbehandlung auch weiterhin eine Heilmittelverordnung (außerhalb des Regelfalls) – also Rezepte – durch den behandelnden Arzt ausgestellt werden müssen.
Unter **www.g-ba.de/informationen/beschluesse/1595** (Gemeinsamer Bundesausschuss) finden Sie weitere Informationen. Die KVO Kassenärztliche Vereinigung Nordrhein schreibt hierzu:

> Praxen, die sicher sein wollen, dass eine langfristig genehmigte Verordnung außerhalb des Regelfalles nicht ins Budget fällt, steht zurzeit nur ein sehr bürokratisches Verfahren zur Verfügung: Der Patient stellt seinen Antrag auf jeden Fall bei der Kasse. Ist die Verordnung von der Kasse genehmigt, kopiert der Vertragsarzt die Genehmigung, stellt die Verordnung aus und schickt im Falle einer Richtgrößenprüfung die gesammelten Genehmigungen an die Prüfungsstelle zum Herausrechnen der Kosten.

Diese „Schuhkartonlösung" ist in EDV-Zeiten absurd, aber derzeit die einzige Möglichkeit, Praxen die Sicherheit zu geben, dass die Kosten für eine langfristig genehmigte Verordnung außerhalb des Regelfalles tatsächlich nicht der Wirtschaftlichkeitsprüfung unterliegen (KVO Kassenärztliche Vereinigung Nordrhein).

TIPP: Einen interessanten Artikel dazu finden Sie auch in der Broschüre **Lymphe & Gesundheit** (Ausgabe 2/2013). Bei

Fragen zur Formulierung eines Antrages o. ä. bin ich auch gerne behilflich.

7. Wo bekomme ich noch Hilfe?

Auch wenn vielen Patienten einige Steine in den Weg gelegt werden und man manchmal wirklich fast verzweifelt, dürfen und brauchen wir nicht aufgeben. Wir können uns informieren und so zeigen, dass wir die nötige Kompetenz besitzen und Entscheidungen mittreffen. Hier bietet sicherlich auch das Internet die Möglichkeit, an viele Informationen zu kommen. Diese sollten Sie aber auch immer hinterfragen, denn ins Netz kann jeder alles stellen.

Hat man die Gelegenheit nicht, bieten Selbsthilfegruppen oder Lymphnetzwerke Anlaufstellen, um hier an die nötigen Auskünfte zu kommen und im Austausch zu bleiben. Rechtliche Hilfe gibt es bei den **Sozialverbänden Vdk** oder **SoVD**. Auch berät die **UPD (Unabhängige Patientenberatung Deutschland)** rund um das Thema Gesundheit bei rechtlichen und medizinischen Fragen. Dieses Angebot ist kostenfrei, neutral und unabhängig. Bei durch Krebs verursachten Notlagen ist u. a. der Informations- und Beratungsdienst der **Deutschen Krebshilfe (DKH)** ein kompetenter Ansprechpartner.

8. Der nachhaltige Aspekt eines Reha-Aufenthaltes

Die Spirale von „Frustessen", bedingt durch das „anders aussehen" und das damit verbundene negative Auffallen, wird oftmals erst bei einem Aufenthalt in einer Rehaklinik durchbrochen, da man hier endlich ernst genommen wird und sich nicht mehr alleine fühlt. So sieht man, dass es vielen Menschen ähnlich geht und man nicht der einzige ist. Der Austausch ist ein wichtiger Prozess. Er fördert oftmals erst die Akzeptanz der Erkrankung oder dass z. B. sehr schnell die ersten Pfunde purzeln und man motiviert zu Hause weitermacht. Viele kommen nach ein, zwei oder drei Jahren wieder und haben das damals erreichte halten oder optimieren können. Andere brauchen allerdings auch noch weitere Aufenthalte, um den langen Weg der Akzeptanz oder des Wunschgewichtes sowie der Reduzierung des Lymphödems gehen zu können und zu Hause fortzusetzen. Lassen Sie sich nicht abbringen einen Reha-Antrag zu stellen und durchzusetzen und nehmen Sie bei Ablehnung jegliche Hilfe in Anspruch.

9. Das können Sie selber tun

Hier bieten gerade die Lymphnetze große Hilfe für Betroffene, aber auch Angehörige. Sei es durch Patientenschulungen für Selbstbandage, Entstauungsübungen, Informationen zum Krankheitsbild und Alltagsverhalten. So ist man flexibel im Urlaub und kann bei Unterbrechung der Therapie oder bei Verschlechterung der Ödemsituation mitarbeiten. Auch vermitteln Physiotherapeuten Bewegungs- und Atemübungen, die zuhause selbst durchgeführt werden können.

Unter **www.deutsche-lymphschulung.de** finden Sie viele Arm- und Beinübungen, die Sie alleine durchführen können.

Ich weiß, es ist leichter gesagt, als getan. Aber bitte achten Sie auf Ihr Gewicht. Auch im Bewusstsein auf mögliche drohende Komplikationen wie Bluthochdruck, Diabetes usw. Versuchen Sie, Ihr Normalgewicht zu erreichen und zu halten. Durch Zunahme des Fettgewebes wird der Abfluss weiter behindert und so hilft jedes Kilo weniger Ihnen und Ihrem Lymphödem.

Was mir und meinem Körper sehr gut tut, sind entschlackende Lebensmittel. Ich freue mich immer auf den Sommer, denn dann gibt es bei uns sehr oft Spargel und Erdbeeren. Da kann ich zusehen, wie der Spannungsdruck im Gewebe langsam abnimmt und auch der Ödemumfang sich etwas verringert. Auch folgende Lebensmittel haben eine positive Wirkung auf den Lymphfluss und sind noch sehr gesund dabei:

- Holunder wirken harntreibend und enthalten Flavonoide, die vor Bakterien, Viren und Pilzen schützen.
- Schlangengurken sind wassertreibend und harnsäurelösend
- Wassermelone spült überschüssiges Salz aus und reinigt so die Nieren
- Rhabarber wirkt entschlackend
- Alle Gemüsesorten und auch Kräuter, die bitter sind, wirken entschlackend, da sie einen positiven Einfluss auf Leber und Galle haben. So verwende ich häufig in meinen Speisen Rucola oder Chicorée und würze mit Ingwer, Schnittlauch und Petersilie.

Ich weiß, dass gerade Gewicht und Lymphödem ein zentrales Thema ist, auch da es keine spezielle Diät gibt, wie bei anderen Krankheiten. Propagiert die österreichische Lymphliga fett- und salzarme Ernährung, wird in Deutschland auf abwechslungsreiche und frische Produkte hingewiesen. Diese Begriffe sagen nicht viel aus. Frisch und abwechslungsreich bedeutet für jeden etwas anderes und dann macht es ja auch noch die Menge aus. Auch hier ist natürlich jeder für sich selbst verantwortlich und keiner bekommt „etwas vorgesetzt“, zumal ja auch die Vorlieben eines jeden variieren. So sollten wir froh sein, dass wir in keinster Weise eingeschränkt werden, sondern für uns selber schauen können, was uns gut tut, was wir mögen und was wir verantworten können. Wer auf seine Ernährung achtet, braucht keine Diät. Bewusstes Essen gepaart mit Bewegung hält fit und macht Spaß. Genießen Sie auch weiterhin die Vielfalt der Lebensmittel und freuen sich, dass Sie diese Krankheit hier nicht einschränkt.

10. Ceres-Diät – MCT-Fette

Ich habe als weiteres Krankheitsbild eine **lymphostatische eiweißverlierende Enteropathie** und muss mich nach der Ceres-Diät ernähren. Schon als Kind bekam ich nach fettreichen Speisen starke Durchfälle und Erbrechen. Ich habe immer schon intuitiv kleine Mengen und kaum Fast Food gegessen. Erst bei einem Reha-Aufenthalt in der Földiklinik wurde dies, auch anhand niedriger Eiweißwerte, erkannt.
Ceres-Diät bedeutet eine äußerst fettarme Ernährung.
Wenn Fette, dann nur **MCT-Fette**. MCT, auch **Medium-chain-Triglyceride**, enthalten mittelkettige Fettsäuren.

Die österreichische Lymph-Liga spricht vom „speziellen Fett“ und empfiehlt diese Fette beim Lymphödem. Diese Fette werden während des Verdauungsprozesses nicht über die Lymphgefäße abtransportiert und so ist der Abfluss der Lymphflüssigkeit nicht blockiert und führt folglich zu einer Entlastung des Lymphsystems.

Herkömmliche Fette müssen im Gegensatz zu MCT-Fetten nach der Aufnahme im Darm über das Lymphsystem abtransportiert werden. Mittlerweile gibt es die **MCT-Margarine** und das **MCT-Öl** in fast allen Reformhäusern. Als Brotaufstrich ist die Margarine für mich kaum von anderen zu unterschieden und für Salate ist das Öl gut geeignet. Da man diese Fette allerdings nicht so hoch erhitzen kann wie herkömmliche Fette, sollte man mageres Fleisch nur kurz braten und bei nicht zu hohen Temperaturen.

Aber nicht das Zubereiten und Essen mit diesen Fetten ist eine Herausforderung für mich, viel schwieriger ist das Essen allgemein. Es reicht nicht, nur MCT-Fette zu verwenden, alle Lebensmittel müssen so fettarm wie möglich sein bzw. alle anderen Fette sind tabu. Doch überall sind versteckte Fette: ob in Käse und Wurst, Pizza, Burger und Eis. Essen gehen ist nicht einfach, denn man muss genau darauf achten, was man bestellt. Hier ist der Verzicht schon sehr groß. Wenn ich mich nicht daran halte, bekomme ich schnell Magenschmerzen, Durchfall und Erbrechen. Außerdem werden mein Bein und Rumpf dicker und die Spannungsschmerzen nehmen zu. Sicherlich gibt es Tage an denen ich mich mal mehr und mal weniger daran halte. Aber ich habe jederzeit die Möglichkeit wieder umzuschwenken, weiterzumachen und es geht mir gut.

In den letzten Jahren gibt es vermehrt Kochbücher, die sich auf Gerichte mit wenig Fett spezialisiert haben. Auch kann man bewährte Rezepte gut umfunktionieren. Sahne kann man sehr gut durch fettarme Mich ersetzen, am besten mit einem Fettgehalt von 0,3 %. Gehen wir in die Eisdiele, nehme ich Fruchteis anstelle von Milcheis und Obstkuchen backe ich mit Hefeteig anstelle von Biskuitteig. Und wenn ich wirklich mal Heißhunger auf Pommes habe, gibt es halt ein paar Backofenpommes. Wenn man sich damit beschäftigen (muss), findet man auch einen Weg, trotz Einschränkung gesunde und frische Nahrungsmittel zu verwenden. Außerdem hat es auch etwas Gutes: Ich konnte über all die Jahre mein Gewicht fast konstant halten.

TIPP: Ein guter Ratgeber mit genauen Angaben auch für Kohlenhydrate, Fette, Zucker und mehr, für über 4 000 Lebensmittel sowie Fast-Food-Gerichte, gibt es hier: „Kalorien Mundgerecht" aus dem Umschau-Verlag.

11. M(eine) kleine Geschichte

Mein Ödem und ich verbringen mittlerweile 54 Jahre miteinander. Auch wenn ich mir manchmal wünsche – insbesondere im Sommer, wenn es heiß ist – einfach nur normal zu sein, ohne Einschränkungen, kann ich mir mein Leben gar nicht vorstellen. Wie wäre es ohne meine Strumpfhose? Keine Therapie, keine Ärzte, keine Schmerzen? Kein Buch schreiben? Keine Patienten beraten? Für mich unvorstellbar – aber die Vorstellung ist auch schön.
Leider habe ich in den letzten 20 Jahren über 80 Erysipele erlitten. Dies hat natürlich Auswirkungen auf die Ausmaße meines Lymphödems. Hatte ich vor 20 Jahren zwischen den Beinen noch einen Unterschied von 2,5 Litern, sind es mittlerweile fast 4,5 Liter geworden. Und das trotz regelmäßiger Lymphdrainage und konsequentem Tragen der Doppelbestrumpfung. Zusätzlich haben sich zahlreiche Lymphfisteln und Lymphzysten an den Zehen gebildet. So verliere ich häufig Lymphflüssigkeit aus dem Zehenbereich und es entwickelt sich eine Papillomatose.

Dementsprechend musste auch meine Kompressionsversorgung nach und nach angepasst werden. Fing ich vor zig Jahren mit nur einem Leistenstrumpf an, kam erst die Strumpfhose dann die Zehenkappe und im weiteren Verlauf wurde daraus eine Doppelbestrumpfung. Durch Knochenhautentzündungen im Fuß brauchte ich zur Druckentlastung dann eine größere Aussparung an der Zehenkappe. Und wegen Lymphflüssigkeitsverlust aus dem Zehenbereich, bekam ich eine Versorgung mit antibakteriellem Silberfaden. Durch die Lokalisation der zahlreichen Erysipele im Fuß- und Unterschenkelbereich wurde dann der Unterschenkel eine Klasse höher (hier forte) angepasst.

Ich möchte damit aufzeigen, dass wir gerade im ambulanten Bereich zusammen mit den Sanitätsfachkräften zwar immer wieder vor neuen Herausforderungen stehen, doch gemeinsam eine Lösung finden können. Der Austausch ist wichtig und scheuen Sie sich nicht, auf Probleme hinzuweisen und eine Änderung einzufordern. Jeder Mensch ist anders und jedes Ödem lokalisiert sich anders in seinen Proportionen. Geben Sie sich und den Sanitätsfachkräften eine Chance, Probleme zu erkennen und zu korrigieren. Nur so können wir alle für uns, aber auch für andere Betroffene lernen.

Hier noch einmal ein großes Kompliment an allen engagierten und kompetenten Sanitätsfachkräfte. Alle, die sich immer wieder für uns und unsere Erkrankung fortbilden und einsetzen. Wenn Sie sich als Patient nicht ernstgenommen fühlen, wechseln Sie! Wenn Sie an der Kompetenz zweifeln, wechseln Sie! So lange, bis Sie dort angekommen sind, wo Sie zufrieden sind mit dem Ergebnis für Sie und für Ihre Gesundheit. Und auch das kann ambulant gut funktionieren.

Alles was du bist,
alles was du willst,
alles was du sollst,
geht von dir aus.
(Johann Heinrich Pestalozzi)

Kapitel 4

Der Umgang mit möglichen Komplikationen und Begleiterkrankungen

Das Lymphödem als eigenes Krankheitsbild ist zwar belastend für den Patienten, aber keine akute Krankheit. Was erschwerend und gefährlich hinzukommt, sind die zahlreichen Komplikationen und Begleiterkrankungen, die leider sehr häufig auftreten. Komplikationen entstehen oft durch eine Immunschwäche im ödematösen Gebiet. Auch kann sich ein bereits bestehendes Lymphödem durch begleitende Krankheiten verschlechtern. Einige möchte ich Ihnen nun erläutern, aber auch Hilfestellungen aufzeigen.

1. Das Erysipel/Wundrose

Eine typische Komplikation des primären als auch des sekundären Lymphödems ist das Erysipel. Ein Erysipel, auch Wundrose genannt, ist eine akut verlaufende, bakterielle Infektion. Sind die Abwehrkräfte, wie bei einem Lymphödem, geschwächt, können sich die Keime schon durch kleinste Verletzungen in den Lymphgefäßen vermehren und ausbreiten. Wird ein Erysipel nicht erkannt und behandelt, können die Auswirkungen lebensbedrohend sein. Es ist also absolut wichtig, sofort einen Arzt oder die Notfallambulanz eines Krankenhauses aufzusuchen und diese Entzündung mit einem geeigneten Penicillin/Antibiotikum zu behandeln.

Erwähnen Sie immer, dass Sie ein Lymphödem haben, denn leider passiert es häufig, dass hier die meisten Fehldiagnosen wie Thrombose, Allergien oder Hautekzeme gestellt werden. So ist es auch mir ergangen. Bei einem akuten, heftigen Erysipel, bei dem ich nicht mehr ansprechbar war, wurde noch im Krankenwagen die Diagnose Thrombose gestellt. Zum Glück war meine Tochter dabei und klärte über meine Grunderkrankung und die rezidivierenden Erysipele auf.

Während eines akuten Erysipels sollte keine manuelle Lymphdrainage durchgeführt werden. Nehmen Sie unbedingt das Antibiotikum ausreichend lange ein. Wenn Sie verreisen, lassen Sie sich von Ihrem Arzt entsprechende Medikamente verordnen und nehmen Sie diese mit. Vergessen Sie auch nicht ein Desinfektionsmittel. Leider verschlechtert meist jedes Erysipel das Ödem und hat man erst einmal ein Erysipel bekommen, ist die Gefahr, dass man weitere bekommt, sehr hoch. Gerade bei **rezidivierenden**, also wiederholten Erysipelen, gibt es die Möglichkeit der **Penicillin-Depotspritzen**. Regelmäßig alle 2–4 Wochen bekommt man Penicillin **intramuskulär (i. m.)** gespritzt, um die Gefahr wiederholter Erysipele einzudämmen. Doch durch Aufklärung der Symptomatik, die erforderlichen Prophylaxen und das Wissen, um die notwendige Therapie, kann man trotzdem verhältnismäßig gut damit leben. Seien Sie Ihr eigener Gesundheitsmanager.

2. Das Hautekzem

Eine weitere Komplikation ist das Hautekzem, welches gehäuft an der unteren Extremität, also den Beinen, auftritt und seltener an den Armen, da dort der Staudruck im Gewebe nicht so hoch ist. Gibt es Wunden, die nicht abheilen, kann man sich Hilfe durch professionelle Wundmanager holen. Meistens sind das ausgebildete Pflegefachkräfte in ambulanten Pflegediensten, die diese Leistungen über Behandlungspflege abrechnen können – man braucht also keine Pflegestufe. Jede Wunde ist natürlich auch wieder eine Eintrittspforte für Bakterien und eine Gefahr für ein Erysipel. Beobachten Sie Ihre Haut genau und nehmen Sie jede Veränderung ernst. In Absprache mit Ihrem Arzt kann man rechtzeitig vielem Vorbeugen.

3. Pilzinfektionen

Auch begünstigt das Lymphödem das Entstehen von Hautinfektionen durch Pilze. Es besteht die Gefahr von Pilzinfektionen weniger in den Finger-, aber vermehrt in den Zehenzwischenräumen oder Hautfalten. Bei Fußpilz etwa, weicht die Haut zwischen den Zehen auf und kann einreißen. Das ebnet Infektionen den Weg und verschlimmert wiederum das Lymphödem. Der Teufelskreis schreitet fort.

Eine frühzeitige Inspektion und Behandlung ist deshalb dringend erforderlich. Achten Sie auf gründliches Trocknen der Zwischenräume nach dem Duschen, Baden oder Schwimmen. Lieber nicht zu häufig, zu heiß oder zu lange duschen oder baden. Das kann die Haut austrocknen und schwächen. Ein kleines Desinfektionsmittel passt in jede Handtasche oder Autoablage.

4. Lymphbläschen

Lymphbläschen oder auch Lymphzysten genannt, sind mit Lymphe gefüllte, sackartige Ausstülpungen. Wenn der Druck in den Lymphgefäßen, z. B. an den Zehen sehr groß ist, erweitern sich diese und können platzen. Heraus tritt eine wässrige Flüssigkeit, die oftmals schwer zu stoppen ist.

Eine Hauptkomplikation ist ein erhöhtes Infektionsrisiko für Erysipele.

Auch ich habe mit den Jahren immer mehr Lymphzysten an den Zehen entwickelt. Wenn die Lymphflüssigkeit austritt, ist es einerseits eine Druckentlastung im Fuß, andererseits aber auch eine Eintrittspforte für Bakterien. Desinfizieren hat hier oberste Priorität. Seit meinem letzten Reha-Aufenthalt bandagiere ich mich wieder nachts und seitdem habe ich Ruhe.

5. Insektenstiche

Eine Infektionsgefahr kann auch ein noch so kleiner Insektenstich für das Ödem bedeuten. Auch hier sollten Sie Ihre Haut genau beobachten und immer sofort desinfizieren. Probieren Sie doch mal ein Moskitonetz für Ihr Bett aus! So ist ein ruhiger Schlaf ohne Plagegeister möglich. Diese Netze sind in allen üblichen Baumärkten erhältlich. Seitdem wir vor allen Fenstern und der Balkontüre Fliegengitter haben, sind wir von Mückenstichen so gut wie befreit.

6. Hautpflege

Die Hautpflege ist ein wichtiger Baustein in der Therapie des Lymphödems. Unter der Kompressionsversorgung (Strumpf oder Bandage) kann die Haut schnell austrocknen, schuppig und rissig werden. Juckreiz, Infektionen und Entzündungen können der Haut und damit auch das Lymphsystem schädigen und Komplikationen hervorrufen.

Empfehlenswert sind seifenfreie, unparfümierte und milde Produkte mit neutralem pH-Wert. Anschließend muss die

Haut, insbesondere zwischen den Zehen und Fingern sowie in den Hautfalten, gründlich abgetrocknet werden. Ich habe mir dafür extra einen Vorrat an Gästehandtüchern in meiner Lieblingsfarbe angeschafft, damit ich jedes Mal ein frisches Handtuch benutzen kann. Danach mit einer leichten Lotion eincremen und am besten abends, damit alles gut einziehen kann. Probieren Sie verschiedene Mittel aus, denn jede Haut verhält sich anders und jeder Mensch hat seine eigenen Vorlieben. Bei starker Hitze verwende ich gerne ein kühlendes Spray, das ich direkt auf meine Kompressionsstrumpfhose aufsprühe.

7. Medizinische Fusspflege und Podologe

Wenn es Ihre finanziellen Möglichkeiten zulassen, gönnen Sie sich regelmäßig eine adäquate Fußpflege oder besser noch einen Podologen. Hier sind Sie in den Händen eines Fachmanns. Während der Fußpfleger Risikopatienten wie Diabetiker, Rheumatiker und Patienten mit Gefäßerkrankungen nicht behandeln darf, sind Podologen besonders ausgebildet in der Versorgung von Problemfüßen.
Sicherlich gibt es auch da Unterschiede. Fragen Sie direkt nach, ob man ihr Krankheitsbild kennt und wie behandelt wird. Schauen Sie auch, welche Hygienemaßnahmen eingehalten werden. Probieren Sie aus, fragen Sie nach und entscheiden dann für sich und Ihre Gesundheit!

8. Wärme und Ödem

Für Beinödem-Betroffene kann eine Fußbodenheizung zum Problem werden. Denn ständig auf einer Fußbodenheizung zu stehen, ist schlecht für Venen und Lymphe. Da auch unsere Wohnung eine hat, musste ich mir etwas einfallen lassen. Auf einer Gesundheitsmesse lernte ich die Vorzüge von Federschuhen kennen. Diese sind mit einer in der Holzsohle speziell entwickelten Stahlfeder ausgestattet. Diese Feder wirkt stoßdämpfend und gelenkentlastend und, was für mich besonders effektiv war: Durch diese Stahlfeder und der dicken Holzsohle dringt die Wärme nicht bis an den Fuß.

Auch kann die Sitzheizung im Auto für Betroffene mit einem Lymphödem des Rumpfes, der Genitalien und Beine das Ödem verschlechtern. Hier gibt es Auflagen, die man z. B. nur für den oberen Rücken verwenden kann.

Im Hochsommer beneidet uns natürlich keiner in unserer Kompressionsbestrumpfung. Hier ein gesundes Mittelmaß zu finden, ist sicherlich nicht leicht. Vor einigen Jahren habe ich bei ganz großer Hitze nur meinen Leistenstrumpf angezogen, anstelle der Doppelbestrumpfung. Das klappt jetzt leider nicht mehr. Doch ohne meine Strümpfe würde mein Bein so prall, hart und schmerzhaft, dass ich gar nicht laufen könnte. Was gibt es dann abends schöneres, als kalt abduschen, die Beine mit einer kühlenden Lotion eincremen und hochlegen? Eine wahre Erholung, auf die ich mich an einem heißen Sommertag den ganzen Tag freue! Eine Bekannte sagte mir, dass Sie im Sommer immer ein paar Strümpfe in den Kühlschrank legt, bevor sie sie anzieht. Das werde ich mal ausprobieren.

9. Orthopädische Beeinträchtigungen und Hilfestellungen

Häufige Begleiterkrankungen sind leider die vielen orthopädischen Fehlstellungen, durch z. B. langjährige, einseitige Belastung bei Arm- oder Beinlymphödemen oder starkem Übergewicht. So können **degenerative Veränderungen**,

Arthrose, **Skoliosen**, Bandscheibenvorfälle, aber auch Bluthochdruck und Migräne die Folgen sein. Hier einen guten Orthopäden zu finden ist sicherlich nicht einfach, aber möglich. Wechseln Sie den Arzt, wenn sie sich nicht ernst genommen fühlen. Weisen Sie auch immer wieder auf Ihre Erkrankung hin und nehmen physikalische Therapien in Anspruch. Die entsprechenden Übungen können Sie dann zu Hause selber weiter fortführen. Achten Sie bei sitzenden Tätigkeiten auf ebenmäßige Schultern und eine gerade Rückenhaltung. Kontrollieren Sie das selbst immer wieder, indem Sie sich vor den Spiegel setzen oder stellen, sich genau begutachten und dann korrigieren. Achten Sie auf eine ausreichende Sitzhöhe, damit die Lymphflüssigkeit in Kniekehle und Leiste gut zirkulieren kann und nichts abdrückt. Ich benutze häufig einen Fußmassageroller, gerade wenn ich lange am Schreibtisch sitze. So bekommen meine Füße trotz Arbeit eine gute Portion Massage und ich werde wieder munter.

TIPP: Um meine häufigen Schulter- und Nackenbeschwerden bei Arbeiten am PC einzudämmen, habe ich mir eine ergonomische Maus und Tastatur zugelegt. Durch die unverkrampftere Handhaltung ist ein so entspannteres und bequemeres Arbeiten möglich.

A. Orthopädische Schuhe nach Mass

Gerade Patienten mit einseitigem Beinödem oder massiven Fußödemen, haben häufig Probleme beim Schuhkauf. In Extremfällen gibt es die Möglichkeit, sich **Orthopädische Schuhe nach Maß** fertigen zu lassen. Jeder Maßschuh wird individuell und durch Handarbeit angefertigt. Das Rezept muss durch den behandelnden Arzt (am besten Facharzt) ausgestellt werden. Der Eigenanteil ist abhängig davon, ob es z. B. ein Maßstraßenschuh, Maßhausschuh oder Maßturnschuh ist. Beispiel: Sie beläuft sich auf einen Eigenanteil, wenn Sie gesetzlich versichert sind, bei Maßstraßenschuhen auf zurzeit 76 Euro zzgl. 10 Euro Rezeptgebühr.

Es gibt auch orthopädische Schuhzurichtungen. Hier wird der vorhandene Konfektionsschuh so gestaltet, dass Fußbeschwerden gemindert oder beseitigt werden.

> **TIPP:** In meinen Lederclogs, die ich in einem herkömmlichen Schuhgeschäft gekauft habe, habe ich zur Erweiterung des rechten Schuhs ein Gummiband außen einnähen lassen. Es fällt kaum auf und ich freue mich, „normale" Schuhe tragen zu können.

b. Orthopädische Bürostühle

Es besteht die Möglichkeit zur Kostenübernahme eines orthopädischen Bürostuhls oder Sitz-Steh-Tisches. Jeder Versicherte mit einem **GdB** von mindestens 30 und der notwendigen Diagnose, kann einen Antrag stellen. So soll die Arbeitsfähigkeit erhalten bleiben und Einschränkungen und Behinderungen gelindert und ausgeglichen werden. Die medizinische Notwendigkeit und die Begründung muss durch den behandelnden Arzt, meistens Orthopäden, bescheinigt werden. Anträge werden u. a. bei der **BfA**, den Berufsgenossenschaften oder Agentur für Arbeit gestellt.

> **Wichtig:** Der Antrag muss vor der Anschaffung bei einem Kostenträger gestellt sein, sonst erlischt der Anspruch. Einen genauen Leitfaden finden Sie z. B. hier: **www.zib-service.de/pdf/leitfaden_bezuschussung_von_stuehlen.pdf**

10. Was bietet die Naturheilkunde?

Mittlerweile gibt es eine Vielzahl an naturheilkundlichen Therapieverfahren, die sich als Begleittherapie zur KPE positiv auf das Lymphödem auswirken. Hier eine kleine Auswahl.

a. Osteopathie

Gute Erfahrung habe ich mit der **Osteopathie** gemacht. Diese manuelle Behandlungsmethode orientiert sich an einem ganzheitlichen Konzept. Sie bietet eine zusätzliche, sanfte Behandlungsmöglichkeit, die einerseits bei der Ursache ansetzt, andererseits den Lymphabfluss unterstützt. Durch Lösen der Bewegungseinschränkung kann der Körper Selbstheilungskräfte aktivieren. Die Behandlungen sind in der Regel eine Privatleistung, die selbst getragen werden muss. Allerdings übernehmen immer mehr gesetzliche Krankenkassen anteilig die Kosten. Bitte fragen Sie bei Ihrer Krankenkasse nach. Osteopathen finden Sie auf den Seiten der Verbände z. B. unter: **www.osteopathie.de** oder **www.bv-osteopathie.de**

b. Traditionelle Chinesische Medizin (TCM)

Die **Traditionelle Chinesische Medizin (TCM)** besteht aus folgenden fünf Säulen: Akupunktur und Moxibustion, Kräuterheilkunde, Ernährung, Tuina und Qigong. Durch diese Anwendungen soll erreicht werden, dass das Qi wieder ausgeglichen und ohne Blockaden durch den Körper fließen kann. TCM ist mittlerweile von der Schulmedizin anerkannt und bietet auch beim Lymphödem gute Hilfestellung.
Natürlich sollten nie an einer ödematösen Extremität Akupunkturnadeln gesetzt werden. Es gibt einige Kliniken, die sich auf TCM spezialisiert haben. Bei entsprechender Diagnose gibt es die Möglichkeit sowohl für gesetzlich Ver-

sicherte z. B. **www.tcm-klinik-koetzing.de** als auch für Selbstzahler/Privatversicherte z. B. **www.tcmklinik.de**. Besprechen Sie auch das vorher mit Ihrem behandelnden Arzt.

C. Fussreflexzonenmassage

Bei der **Fußreflexzonenmassage** werden über die Reflexzonen Herz, Niere, Leber, Verdauung, Endokrinum und Lymphwege des Körpers aktiv angeregt auszuscheiden, was zu einer Entlastung des Organismus beitragen kann.
Als Therapie ist die Fußreflexzonenmassage eine gut verträgliche Behandlungsmethode gegen Symptome von Fehlbelastungen im körperlichen und seelischen Bereich.
Für mich ist diese Behandlung nicht nur pure Entspannung, sondern der sofortige Gang zur Toilette bestätigt, dass mein Lymphsystem aktiv angeregt wurde. Achtung bei Lymphödem an den Füßen: Am besten mit Handschuhen arbeiten lassen und gut desinfizieren.

D. Rolfing-Therapie

Um meine Statik besser auszugleichen, habe mir letztes Jahr eine **Rolfing-Therapie** gegönnt. Rolfing ist eine Körperarbeit, die in 10 thematisch festgesetzten Einheiten, vorwiegend mittels Faszientechniken, die Haltung aufrichtet und das Atmen sowie das Gehen erleichtert. Besonders bei einseitigen Ödemen, die zu Asymmetrien führen, kann mit Rolfing leichter ausgeglichen und die Haltung somit verbessert werden. Rolfing hat als primäres Ziel die Verbesserung der Haltung, indem der ganze Körper behandelt wird. Diese Methode ist leider auch keine Leistung der gesetzlichen Krankenkassen. Mein positiver Effekt sind weniger und kürzere Migräneanfälle.

E. Kinesio-Taping

Das **Kinesio-Taping** wurde Anfang der 1970er-Jahre vom japanischen Arzt Dr. Kase entwickelt. Durch eine bestimmte Klebetechnik der Tapes kommt es zu einer verbesserten Mikrozirkulation und Stimulation des Lymphflusses. Die eigene Bewegung unterstützt diesen Prozess.

Einige Fachkliniken für Lymphologie arbeiten damit ergänzend zur KPE. Es kommt natürlich immer darauf an, inwieweit der Therapeut damit schon Erfahrung hat. Vielleicht wird ja auch der Ehrgeiz gepackt, wenn man gezielt danach fragt?

Schwierig wird es, wenn man über das Tape die stramme Kompressionsversorgung anzieht. Dann können sich die einzelnen Züge schnell aufwickeln. Ich selbst habe damit gute Erfahrungen unter der Bandage gemacht. Seit meinem letzten Reha-Aufenthalt tape ich auch meine Zehen unter der Zehenkappe. Seitdem habe ich kaum noch Schmerzen in den Zehen und merke, wie die Lymphe dort besser abtransportiert wird. Ausprobieren lohnt sich also.
Achtung: Die Kosten müssen vom Patienten getragen werden. Diese richten sich nach zeitlichem Aufwand sowie Materialverbrauch.

F. Enzyme und Selen

Enzyme sind kleine Eiweißmoleküle oder auch „Katalysatoren", die die chemischen Reaktionen im Körper beschleunigen, wie etwa bei Verdauung, Entgiftung, Stoffwechsel, Wachstum und Atmung.

Selen ist ein essenzielles Spurenelement und muss über die Nahrung zugeführt werden. Pflanzen nehmen Selen aus dem Boden auf und über die Nahrungskette gelangt es in den Körper der Menschen. Es stabilisiert und aktiviert das Immunsystem.

Anfang 2015 habe ich durch einen glücklichen Zufall eine Frau mit einem besonderen Schicksal getroffen. 1997 wurde bei ihr Gebärmutterhalskrebs festgestellt. Es folgte eine Wertheim-OP mit anschließender Bestrahlung. 2009 die Diagnose: Lymphödem in den Beinen, Rumpf und Genitalbereich. 2014 die Diagnose: Hashimoto. Eine starke und entschlossene, sensible und wissbegierige Frau – eine Kämpferin. Ich möchte Ihnen einen Teil Ihres Weges nicht vorenthalten:

g. Erfahrungsbericht einer Betroffenen:

„Nachdem sich mein Körper seit der Krebserkrankung 1997 immer mehr veränderte, fing ich an, Informationen zu sammeln. 2001 entdeckte ich durch Recherchen vieler Studien, dass eine Einnahme von Enzymen bei einem Lymphödemen sehr positiv bewertet wird. Ein erfolgreicher Nebeneffekt sei, dass unser Immunsystem wesentlich gestärkt wird.

Diese Studien belegten, dass Enzyme vor allem **proteolytische**, also **eiweißspaltende Enzyme**, Ödeme/Lymphödeme erheblich vermindern. Die Studien aus Australien, den USA und England waren durchweg positiv. Wir wissen, dass Ödeme meistens eiweißreich sind. Die proteolytischen und fibrinolytischen Eigenschaften von Enzymen führen zu einem Abbau von lymphatischen Verschlüssen und sind behilflich bei der Rekonstruktion von lymphatischen Passagen, die dann leichter die abgelagerten Proteine auflösen können.

Enzyme können Entzündungen reduzieren sowie das Fortschreiten der Sklerotisierung/Verhärtung in dieser Region. So habe ich die ersten 6 Monate 3 x 3 Enzyme genommen und habe (ohne Diät) eine Reduktion von zwei Kleidergrößen bemerkt. Meine Tagesdosis ist aktuell 2 x 2 und wenn ich merke, dass ich wieder vermehrt Wasser einlagere, erhöhe ich meine Dosierung wieder. In zahlreichen Selbstversuchen setzte ich immer wieder ab und merkte in wenigen Tagen, dass ich wieder Wasser einlagere.

Bei meinen Aufenthalt in einer lymphologischen Klinik 2009 wollte ich deren Therapie nicht verfälschen. Also habe ich meine Enzyme abgesetzt. Keine Volumenreduktion trotz KPE und auch kein Gewichtsverlust. Ganz im Gegenteil, ich nahm an Gewicht zu. Ich habe dann nach Rücksprache gebeten, dass ich meine Enzyme wieder einnehmen darf und 2 Tage später reduzierte sich mein Volumen und nach 14 Tage hatte ich 9,5 Kilo weniger. Das hat meine Meinung über die Wirksamkeit untermauert. Wichtig ist die Zusammensetzung der Enzyme, nicht alle erzielen die gleiche Wirkung beim Lymphödem. Ich nehme Karazym.

Selen nehme ich jetzt seit 2012. Vorangegangen sind wieder viele Recherchen und das Lesen von Studien auf internationaler Ebene. Eine neuere therapeutische Option für Lymphödeme ist Selen. Die antiödematöse Wirkung ist nachgewiesen, aber nicht wirklich allgemein veröffentlicht oder akzeptiert und eingesetzt. Frühere klinische Studien haben gezeigt, dass die Selen-Supplementierung die Sauerstoff-Radikalproduktion senkt und somit zu einer spontanen Reduktion des Lymphödemvolumens führen kann. Es erhöht die Wirksamkeit der physikalischen Therapie und kann die Häufigkeit von Erysipelen verringern. Ein wichtiger

Nebeneffekt ist auch hier die Stärkung unseres Immunsystems.

Viele Patienten mit einem Lipödem oder Lymphödem haben zusätzlich noch **Hashimoto**. Auch hier gilt es, unser Immunsystem zu unterstützen. Immer wieder versuche ich es ohne Enzyme und Selen und kann ohne Zweifel sagen, dass sich bei Absetzen meine körperliche Verfassung deutlich verschlechtert und ich zuschauen kann, wie meine Ödeme die Überhand nehmen. Meine Dosierung ist 400ug täglich."

Mittlerweile konnte in einigen Untersuchungen und Studien gezeigt werden, dass die Einnahme von Enzymen und Selen die Auswirkungen eines Ödems sinnvoll unterstützen. Das Immunsystem wird gestärkt und die Entzündung gehemmt (Deutsches Ärzteblatt 1996, Heike Korzilius und Pharmazeutische Zeitung Ausgabe 38/2004).

Bitte sprechen Sie immer erst mit Ihrem Arzt oder Therapeuten, denn nur er kennt Ihre persönliche Situation ganz genau und kann Sie daher individuell beraten.

11. Wo bekomme ich noch Hilfe?

Das Internet ist bei der Suche nach Unterstützung hilfreich. Unter **www.dglymph.de** kann man z. B. die Ödemsprechstunde nutzen. Hier bieten erfahrene Lymphologen eine ehrenamtliche und kostenlose Beratung auf dem Gebiet der Ödemkrankheiten. Man kann entweder per E-Mail oder telefonisch seine Fragen stellen. Wenn man sich unsicher ist sogar anonym.

Auch gibt es ambulante Untersuchungen, die man in Anspruch nehmen kann. In den meisten Kliniken können diese als Kassenleistungen abgerechnet werden, einige werden privat in Rechnung gestellt. Klären Sie das bitte vorher ab. Unter **www.lymphverein.de** oder **www.lymphnetzwerk.de** oder **www.lymphforum.de** finden sie eine gute Übersicht. Die Wartezeit für einen Termin dauert oft mehrere Wochen bis Monate. Machen Sie also rechtzeitig Ihren Termin! Hier haben Sie es auch nur mit erfahrenen Fachärzten zu tun. Machen Sie sich vorher Notizen, damit Sie bei Ihrem Termin alle Antworten auf Ihre Fragen bekommen. Die anschließenden Arztberichte eignen sich gut für weitere Schritte: ob als Diagnosestellung für eine stationäre Reha, ein Rezept für Lymphdrainage und Kompressionsversorgung oder einer eventuellen Liposuktion bei einem Lipödem. Sie halten etwas in der Hand, was für Ihre weiteren Wege erforderlich und anerkannt ist.

12. Das können Sie selber tun

Es ist wichtig, dass Sie über ihre Erkrankung gut informiert sind. Fragen Sie nach, bis Sie alles verstanden haben. Denn nur so können Sie aktiv mitarbeiten. Das können Sie auch eigenständig über die Recherche im Internet machen oder sich aber in Foren, Selbsthilfegruppen bzw. Netzwerken austauschen.

Teure medizinische Fachbücher brauchen Sie nicht zu kaufen. Jede Bibliothek besorgt über die Fernleihe am Ort nicht vorhandene Bücher aus anderen Bibliotheken. Manchmal ist das kostenlos, viele erheben eine geringe, pauschale Gebühr.

Lassen Sie sich von Ihrem Therapeuten die Lymphdrainage und die Technik der Kompressionsbandage zeigen, damit sie zu Hause selbst z. B. nachts bandagieren können und so den Erfolg optimieren können.

Unter **www.deutsche-lymphschulung.de** können Sie an einer Ganztagesschulung teilnehmen. Gegen eine geringe Teilnehmergebühr erfahren Sie näheres über Ihr Krankheitsbild und erlernen auch die Selbstbandage.

13. (M)eine kleine Geschichte

Ich habe selbst versucht zu ermitteln, wieso ich schon über 80 Erysipele hatte.

Sicherlich sind zum einen die Lymphzysten und Lymphfisteln an den Zehen eine ideale Eintrittspforte. Aber auch in Zeiten von hoher Stressbelastung war ich davon vermehrt betroffen. Egal, ob Stress von außen, zugetragen durch Beruf und Familie, oder übermäßiger Selbstkritik.

So stellte ich mir die Frage: Wie achtsam gehe ich eigentlich selber mit mir um?

Wir alle leben in einer Zeit, die von Stress, Hektik und Leistungsdruck geprägt ist. Wir leben selten im Hier und Jetzt, sondern sind schon in Gedanken bei dem, was wir morgen und in Zukunft vorhaben. Meistens geht es um „wenn – dann". Wenn ich das Ziel erreicht habe, dann bin ich endlich glücklich. Aber immer wieder kommt ein neues „wenn – dann". Sind wir im ersehnten Urlaub, wird schon währenddessen der nächste geplant, anstatt im Hier und Jetzt die Erholung zu genießen.

Wir leben immer in der Zukunft und verpassen so die Gegenwart. Das, was um uns herum passiert, nehmen wir gar nicht richtig wahr. So übersehen wir die Schönheit der Natur, die Vielfalt der Tiere, unsere gesamte Umgebung aber auch Menschen, denen wir begegnen. Wir versäumen viele Chancen, den Augenblick einfach nur zu genießen, wahrzunehmen und zu entspannen. Ein tibetisches Sprichwort beschreibt den Kern der Achtsamkeit sehr gut: „Gehe, wenn du gehst. Sehe, wenn du siehst. Höre, wenn du hörst. Spüre, wenn du bist."

Genießen Sie bei einem Waldspaziergang die Stille oder aber die vielfältigen Geräusche der Natur. Lassen Sie sich die Wärme der Sonne für einige Zeit ins Gesicht scheinen oder gehen Sie wie früher als Kind, durch einen warmen Regenschauer.

Als ich eine Bekannte traf, fragte Sie mich nach meinem Buch: „Bist du schon fertig oder musst du noch daran arbeiten"? Darauf antwortete ich: „Ich darf noch daran arbeiten und freue mich über jeden Gedanken, den ich mit aufnehmen kann."

Die ersten Märzsonnenstrahlen habe ich mittags mit meiner Tochter in einem kleinen Cafe genossen. Aufgewärmt und entspannt konnte ich nun an meinem Projekt weiterarbeiten. Ich wünsche Ihnen viele Sonnenstrahlen und genießen Sie die Natur. Sie kann uns herrlich entspannen und das ohne Rezept und Nebenwirkungen.

Es ist nicht genug, zu wissen,
man muss es auch anwenden;
es ist nicht genug, zu wollen,
man muss es auch tun.

(Johann Wolfgang von Goethe)

Kapitel 5

Welche Klinik ist denn nun die beste? Oder: Was sind die Unterschiede der Lymphkliniken?

Reha- und Kureinrichtungen in Deutschland gibt es viele. Während einer Rehabilitation lernt man den richtigen Umgang mit den Krankheitsfolgen, gerade bei chronischen Krankheiten. Ob und welche Klinik für Lymphödempatienten geeignet ist, möchte ich Ihnen in diesem Kapitel vermitteln.

1. Der Unterschied zwischen Kur, AHB und Reha

Der Unterschied zwischen Kur, Anschlussheilbehandlung (AHB) und Reha ist oft nicht ganz klar und führt zu Verwir_ rung. Und wie sieht es diesbezüglich für Lymph- und Lipödempatienten aus?

Seit der großen Gesundheitsreform im Jahr 2000 wird der Begriff „**Kur**" weitgehend nicht mehr verwendet. Umgangssprachlich spricht man aber immer noch häufig von einer Kur, insbesondere wenn es um Vorsorgemaßnahmen geht, die einen gesund erhalten sollen. Die größten Kostenträger für Versicherte sind die Deutsche Rentenversicherung und die Krankenkassen. Bei der Kur geht es darum, eine geschwächte Gesundheit zu stärken und – im Gegensatz zur Rehabilitation, die bereits erkrankten Menschen helfen soll – wieder gesund zu werden. Eine Kur sorgt dafür, dass Körper, Geist und Seele wieder ins Gleichgewicht kommen und die Lebensgeister neu erweckt werden. Eine Kur ist also Urlaub für die Gesundheit.

Für Patienten mit dem Krankheitsbild Lymph- und Lipödem, die nur in einer lymphologischen Fachklinik adäquat behandelt werden können, und bei denen es sich zudem auch eine chronische Erkrankung handelt, schließt sich also eine Kur aus. Zur allgemeinen Gesunderhaltung ist sie aber natürlich angebracht.

Eine **AHB** (**Anschlussheilbehandlung**) ist eine medizinische Rehabilitationsmaßnahme, die im Anschluss an einen Krankenhausaufenthalt durchgeführt wird. Sie kann ambulant, stationär oder teilstationär erfolgen.

Beispiel: Hatte der Patient ein schweres Erysipel, und das Lymphödem hat sich dadurch sehr stark verschlechtert, kann dann in einer Einzelfallprüfung der Krankenkasse (im Akutfall) im Sinne einer AHB der Patient nahtlos in die Reha-Abteilung einer Lymphklinik übernommen werden. Hier sollte man aber nachfragen, welche lymphologischen Fachkliniken Betten für AHB-Maßnahmen bereithalten und mit welchen Wartezeiten man trotzdem rechnen muss. Unter **www.lymphselbsthilfe.de**, aber auch im Anhang, finden Sie eine Auflistung der Kliniken und Krankenhäuser mit lymphologischen Abteilungen.

Bei einer **medizinischen Rehabilitation** sollen Patienten bei der Wiedererlangung oder dem Erhalt körperlicher, beruflicher oder sozialer Fähigkeiten unterstützt werden. Die Leistungen zur medizinischen Rehabilitationsmaßnahme haben das Ziel, möglichen Behinderungen oder einer Pflegebedürftigkeit vorzubeugen, sie zu beseitigen oder Verschlimmerungen zu verhüten. Dies kommt für Patienten infrage, die bereits eine bestehende chronische Erkrankung haben oder die an schweren gesundheitlichen

Einschränkungen leiden. Die Rehabilitation soll vermeiden, dass sich die Beschwerden des Patienten verschlimmern und er pflegebedürftig wird. Während einer Rehabilitation erhält der Genesende alle notwendigen medizinischen, physikalischen und psychosozialen Therapien. Diese Leistungen sind in Deutschland Aufgabe der verschiedenen Sozialversicherungsträger, das heißt der gesetzlichen Kranken-, Renten- und Unfallversicherungen.

Eine **medizinische Rehabilitationsmaßnahme**, kurz **Reha**, ist also das Mittel der Wahl für Lymph- und Lipödem-Patienten. In der Regel wird eine Reha für 3 Wochen genehmigt.

2. Die stationäre Reha

In ca. 1300 deutschen ambulanten und stationären Rehakliniken werden jährlich rund 1,5 Millionen Menschen behandelt. 1985, als bei mir die Diagnose primäres Lymphödem gestellt wurde, gab es nur zwei lymphologische Rehakliniken in Deutschland. Beide im schönen Schwarzwald gelegen und von meinem Heimatort ca. 600 km entfernt. Die Wartezeit auf einen ambulanten oder stationären Termin betrug zu der Zeit einige Wochen.
Relativ zeitnah konnte man bei Bewilligung durch den Rentenversicherungsträger oder die Krankenkasse eine Reha antreten. Das Krankheitsbild war so gut wie unbekannt, sowohl bei Ärzten als auch bei Patienten.

Bis 2015 stieg die Anzahl der Lymph-Kliniken deutschlandweit auf ca. 10 Kliniken. Obwohl sich also die Summe der Kliniken um mehr als 200 Prozent erhöht hat, wartet man nun mitunter mehrere Monate auf einen ambulanten oder stationären Termin. Was ist die Ursache? Hat sich die

Krankheit vermehrt oder verschlechtert? Ich glaube weder noch. Das Krankheitsbild war vor über 20 Jahren weitgehend unbekannt und dadurch die Diagnosestellung und die entsprechende Therapie kaum vorhanden und genutzt. Zur damaligen Zeit lag man zu dritt oder bestenfalls zu zweit in einem Zimmer. Heute ist ein Einzelzimmer Standard. Auch gab es kein Internet. Zum heutigen Zeitpunkt sind durch starke Netzwerke, Presse, TV und natürlich das Internet Ärzte, Therapeuten und Betroffene schneller und umfassender über jedes Krankheitsbild informiert. Es wird eher eine Diagnose getroffen, die entsprechende Therapie angeordnet, aber auch die notwendige medizinische Reha kann schneller beantragt und bestenfalls bewilligt werden. Das ist aber leider oftmals mit Widerstand in Form von Ablehnungen der Versicherungsträger verbunden.

An Literatur gab es 1985 nur wenige Standardwerke, die rein medizinisch aufgebaut waren. Die 3. Auflage des Buches von Földi/Földi mit dem Titel „Das Lymphödem" konnte man auch in der Földiklinik kaufen. Ich habe dieses Buch geradezu verschlungen, war aber auch schockiert über die zahlreichen, manchmal grotesken Abbildungen. Diese Fotos der entstellten Menschen sah ich das erste Mal in meinem Leben und hatte Angst, genauso enden zu müssen. So traute ich mich noch nicht einmal, dieses Buch und die darin enthaltenen Fotos jemandem zu zeigen.

3. Welche Klinik ist denn nun die Beste?

Im Laufe meines Lebens war ich mehr als 20 Mal in einer medizinischen Reha. Ich war in fast allen lymphologischen Kliniken deutschlandweit und konnte so die Vor- und Nachteile für mich persönlich erfahren. Jedes Mal, wenn ich nun in einer lymphologischen Reha bin und Mitpatienten erfahren, in welche Kliniken ich schon war, wird mir Mal die gleiche Frage gestellt:

„Welche Klinik ist denn nun die beste?"

Bevor ich auf diese Frage eingehe, möchte ich einen normalen Tagesablauf in einer lymphologischen Reha schildern:

A. Ein Tagesablauf in einer lymphologischen Rehaklinik

6:00 Uhr, der Wecker klingelt. Am Wochentag wird man oft schon vorher von dem Gewusel auf dem Flur durch Schwestern, Putzfrauen oder Mitpatienten geweckt. Nun wird schnell abbandagiert (bei manchen Kliniken, die z. B. ein Schwimmbad integriert haben, ist es auch erlaubt schon abends abzubandagieren) und das Bandagematerial aufgewickelt. Das können je nach Befund und Anzahl der betroffenen Extremitäten, schon mal 20 und mehr Binden, Watte und weitere Materialien sein. Nun geht es ins Bad. Hat man ein Zimmer mit doppelter Badbenutzung, bedarf es natürlich der vorherigen Absprache.

Zwischen 7:00 Uhr und 11:30 Uhr geht es zur manuellen Lymphdrainage. Wurde eine zusätzliche Behandlung in einem Lymphomaten verordnet, geht man zuerst dorthin. Anschließend wird man vom Therapeuten eingecremt und bandagiert. Hier ist der Austausch sehr wichtig, da man nur zusammen am besten erkennt, was für einen selbst und die betroffene Extremität das Beste ist. Es wird versucht, dass jeder Patient während seines Aufenthaltes mit dem gleichen Therapeuten arbeitet. Durch Urlaub und Krankheit klappt das aber nicht immer.

Bandagiert kann man nun die verschiedenen Sportangebote nutzen: Ob Atemgymnastik, Walking, Sport für adipöse Menschen oder Ausdauertraining an den verschiedenen Fitness-Geräten – das Angebot ist meist breit gefächert und für jeden Geschmack und Gesundheitszustand etwas dabei. Um 12:30 Uhr gibt es Mittagessen. Meistens mit einer Vorsuppe und einem Nachtisch. Es wird versucht auf die unterschiedlichsten Ernährungsgewohnheiten (Vegetarier, Moslem, Allergien etc.) einzugehen.

Ab 13:30 Uhr – wenn verordnet – geht man zur zweiten, in der Regel dreißigminütigen Nachbehandlung. Die Bandage wird meist angelassen, außer sie ist verrutscht oder sie bereitet Schmerzen. Nun arbeitet der Therapeut zentral, also mit Bauchtiefdrainage und Rumpfbehandlung.

Am Nachmittag wird wieder ein Sportprogramm in der Halle angeboten. Alternativ kann man sich natürlich auch draußen in der Natur bewegen.

Wenn verordnet, bekommt man zusätzlich Termine zur Physiobehandlung, beim Psychologen, der Ernährungs- oder Sozialberatung.

Um 17:15 Uhr gibt es Abendessen. Am Anfang gewöhnungsbedürftig, da es doch recht früh für viele ist. Auch danach steht die Sporthalle meist noch zur freien Verfügung. Oft finden sich kleinere oder größere Gruppen zusammen, die sich abends zu gemeinsamen Unternehmungen treffen oder sich auch nur austauschen. Man kommt schnell in Kontakt mit Mitbetroffenen und fühlt sich gut verstanden, da alle ähnliche Probleme haben.

Die Kliniken bieten auch Vorträge zu den verschiedenen Krankheitsbildern und deren Auswirkungen an. Außerdem gibt es Schulungen und Kurse wie z. B. das Erlernen der Selbstbandage oder eine Anleitung zur Selbstbehandlung. Die Eingangstüren werden meistens ab 22:00 Uhr abgeschlossen. Nach Rücksprache kann man natürlich auch eine Verlängerung des Ausgangs bekommen.

Es sieht so aus, als ob alle Kliniken gleich arbeiten. Das ist auch im Grundsatz so, aber es gibt, wie überall wo Menschen arbeiten, kleine und feine Unterschiede.

Aber welche Klinik nun die beste ist?
Es kommt ganz sicher darauf an, welche Erwartung und Ziele man hat und was einem persönlich wichtig ist.
Über folgende Kriterien sollte man nachdenken: Gibt es Empfehlungen oder Erfahrungen von Betroffenen oder Bekannten? Wie sieht die Homepage oder Internetpräsenz der Klinik aus? Sind die Angaben verständlich und aktualisiert? Kenne ich schon einen behandelnden Arzt der Klinik durch einen ambulanten Termin? Ist er mir sympathisch und vertraue ich ihm? Möchte ich vielleicht wohnortnah untergebracht werden, damit ich öfter Besuch empfangen kann? Bevorzuge ich eine schnelle Anreise oder macht es mir nichts aus, viele Stunden mit dem Zug oder PKW anzureisen? Wie wichtig ist für mich ein Schwimmbad oder das Sportangebot? Möchte ich viel Austausch mit Betroffenen in einem großen Haus oder bevorzuge ich eine familienähnliche Unterbringung? Brauche ich eine Kinderbetreuung oder eher Ruhe vor Kinderlärm? Möchte ich ein Einzelzimmer oder akzeptiere ich auch ein Zweibettzimmer? Dies sind Aspekte, die natürlich auch zum Gesundwerden beitragen können.

Letztendlich ist ein Erfolg aber immer nur so gut wie der Therapeut, der die angeordnete Behandlung durchführt und sicherlich auch die eigene **Compliance**. Die beste Therapie bringt nichts, wenn der Patient nicht mitarbeitet. Ich habe es in Kliniken erlebt, dass Patienten nach der Bandage ins Zimmer gingen und sich dort sofort abbandagierten. Oder sie ließen sich auf Diätkost setzen und man traf sie nachmittags im Café bei einem großen Stück Torte. Sicher sind jedoch die meisten Patienten glücklich, endlich einen Rehaplatz bekommen zu haben – oftmals leider nach vielen Kämpfen und Widersprüchen – und setzen alles daran, diese 3-6 Wochen effektiv für sich zu nutzen. Endlich ernst genommen zu werden, sich austauschen können und sichtbare Erfolge zu sehen, motivieren auch nach dem Klinikaufenthalt weiterzumachen. Was kann man oft für Freudentaumel erleben, wenn nach wochenlanger, mühevoller Bandagierung endlich die maßgefertigte Kompressionsversorgung kommt, sie angezogen wird und alles passt. Ein Gefühl von Leichtigkeit umgibt einen und jeder geht mit einem ganz neuen – positiven – Gefühl nach Hause.

> **TIPP:** Meine Empfehlung auf die Frage nach der besten Klinik: Vielleicht auch mal in eine andere lymphologische Klinik gehen, denn nur so sind wir entscheidungsfähig.

Unsere Erkrankung ist chronisch, d. h. die meisten müssen immer wieder in regelmäßigen oder auch in unregelmäßigen Abständen in eine Reha. Als meine Kinder noch klein waren, war ich gerne in einer heimatnahen Klinik. So konnte ich schneller und öfter besucht werden. Als ich noch berufstätig war, schlug mir die Deutsche Rentenversicherung (DRV) ein DRV eigenes Haus vor und so wurde mein Antrag unkompliziert und schnell genehmigt. Als ich in ganz kurzer Zeit hintereinander einige Erysipel-Infektionen bekam, es mir gesundheitlich sehr schlecht ging und ich schnell einen Platz benötigte – Genehmigung lag vor – bekam ich nach telefonischer Rücksprache spontan einen Platz in einer mir noch bis dahin unbekannten Klinik. Ich wäre vielleicht sonst nie auf die Idee gekommen am anderen Zipfel Deutschlands in die Reha zu gehen. Auch von dort durfte ich viele neue Eindrücke und Ideen mitnehmen. In einer anderen Einrichtung gab es die Möglichkeit, bereits vor der Erteilung der Kostenzusage, in der Klinik unverbindlich einen Termin vormerken zu lassen. Ein guter Service, wenn man planen muss. Bei meinem ersten Aufenthalt habe ich das bandagieren gelernt, von dem ich heute noch profitiere.

Alle Kliniken haben neben dem bewährten Standardprogramm auch individuelle Schwerpunkte, die man z. B. gut auf der jeweiligen Homepage oder in Foren nachlesen kann. Ein Lymphforum mit über 7 000 Mitgliedern finden Sie unter **www.med-foren.de**. Alle Kliniken arbeiten mit der bewährten Komplexen physikalischen Entstauungstherapie (KPE). Trotzdem gibt es zum Teil weitere Ansätze. Sei es das **Lymph-Taping**, die **apparative intermittierende Kompression (AIK)**, **Flowave** und **Magnetfeldtherapie** oder die **Liposuktion** beim Lipödem. Hier auch mal einen anderen Blickwinkel zu bekommen, gibt der Krankheit und der eigenen Motivation bestimmt noch einmal eine positive Richtung.

Durch die unterschiedlichsten Ansätze der Kliniken – trotz der bewährten KPE – bin ich für mich jedes Mal einen Schritt weiter gekommen, bzw. habe ich neues gelernt und so auch mit in den Alltag nehmen dürfen. Wenn nicht für mich persönlich, so für Menschen, die mir im Alltag begegneten und denen ich von meinen verschiedenen Erfahrungen berichten durfte.

4. Wunsch- und Wahlrecht nach § 9 SGB IX

Noch besteht bei uns in Deutschland weitreichendes Wahl- und Wunschrecht nach **§9 SGB IX** gemäß der Wählbarkeit einer Rehabilitationsklinik, wenn der Leistungsträger entsprechende Verträge mit der Klinik hat. Patienten haben grundsätzlich das Recht eine geeignete Rehabilitationsklinik selbst auszusuchen, wenn ein Versorgungsvertrag besteht. Sicherlich ist das auch oftmals mit Schwierigkeiten verbunden, denn letztendlich liegt die Endscheidungsbefugnis beim Kostenträger. Manchmal liegt es aber auch einfach nur daran, dass nicht jeder Sachbearbeiter sich auf dem Gebiet der Lymphologie auskennt und man in einem persönlichen Gespräch darüber aufklären kann.

Ich bekam selbst eine Ablehnung, da die Sachbearbeiterin meine Wunschklinik nicht in ihrem Computer fand, da diese dort nicht gelistet war. Nach ein paar Telefonaten sowie telefonischer Rücksprache mit der entsprechenden Wunschklinik, ob ein Versorgungsvertrag besteht, bekam ich dann die Zusage.

Sollte der Bescheid dem Wunsch nicht entsprechen, kann und sollte man einen Umstellungsantrag stellen. Und darin auch begründen, warum die zugewiesene Klinik nicht die passende ist und auch auf die „Wunschklinik" aufmerksam machen. Begründung könnte u. a. sein: Wohnortnähe wegen eingeschränkter Transportfähigkeit, mehrsprachige Behandlung oder Vorteile eines Therapieschwimmbeckens. Kommt der Versicherungsträger dem berechtigten Wunsch nicht nach, muss er nun begründen, warum die von ihm ausgewählte Klinik für die Reha besser geeignet ist. Daher haben Widersprüche in solchen Fällen häufig Aussicht auf Erfolg.

TIPP: Daher die Wunschklinik gleich bei der Antragstellung mit angeben. Der Arzt sollte den Wunsch mit einer Stellungnahme unterstützen. Beratung und Informationen bekommt man aber auch durch die jeweiligen Rehakliniken.

5. Informationen durch die Kliniken

Die Rehakliniken informieren auch bei der Ablehnung eines Reha-Antrages, was leider recht häufig vorkommt. In der Regel muss zwischen zwei stationären Rehamaßnahmen ein Abstand von vier Jahren eingehalten werden, es sei denn eine vorzeitige Leistung ist aus medizinischen Gründen dringend erforderlich. Eine weitere Voraussetzung ist, dass die stationäre Rehamaßnahme einen Behandlungserfolg erwarten lässt.

Oftmals hilft, wie gesagt, schon ein klärendes Gespräch mit dem zuständigen Sachbearbeiter des Kostenträgers. Hier sollte man genau nachfragen, warum der Antrag abgelehnt wurde. Vielleicht hat man im Antrag auch nur vergessen, etwas Wesentliches zu erwähnen. Manchmal sagen auch Fotos (der entsprechenden Extremitäten) mehr als Worte. In der Regel sind die Mitarbeiter bemüht zu helfen. Es kann z. B. darauf hingewiesen werden, wenn Sie nur nach Aktenlage abgelehnt wurden, dass eine persönliche Untersuchung durch den MDK-Arzt sinnvoll erscheint. Ebenso kann angeführt werden, dass Ihr behandelnder Arzt Ihre Erkrankung und Krankheitsentwicklung besser beurteilen kann, da er Sie bereits über viele Jahre behandelt. Auf jeden Fall sollte nochmals die dringende medizinische Notwendigkeit, eventuell durch eine Zweitmeinung eines anderen Arztes, formuliert werden. Falls mehrere Erkrankungen gleichzeitig vorliegen, muss im Antrag die **führende Diagnose** an erster Stelle – hier Lymphödem oder Lipödem – stehen. Wenn man dann doch Rechtsberatung benötigt, gibt es diese z. B. durch Sozialverbände, wie den Vdk oder SoVD. Sie helfen unter anderem bei der Antragstellung und beim Einlegen von Widersprüchen und Klagen.

6. Krankenhäuser mit lymphologischen Abteilungen

Seit einigen Jahren gibt es in Deutschland Krankenhäuser mit lymphologischen Abteilungen. Dafür braucht man nur eine normale Krankenhauseinweisung. Ein großer Fortschritt bei leider immer noch zu vielen Reha-Ablehnungen. Hier bleibt man ca. 2 Wochen stationär und erhält komprimierte Behandlungen wie in einer lymphologischen Rehaklinik.
Eine Fachabteilung gibt es z. B. im Klinikum Freising, eine weitere Fachabteilung im Gefäß- und Lymphzentrum Nord-West am Mathias-Spital Rheine sowie Pius-Hospital Ochtrup. Diese Abteilung verfügt über ca. 20 Betten. Die Aufnahmen erfolgen nach vorheriger Terminabsprache und Notwendigkeit auf Einweisung durch einen Haus- oder Facharzt.

7. Das können Sie selber tun

Ich selbst habe neben den guten medizinischen Behandlungen und Erfolgen immer auch von den vielen Gesprächen mit anderen Patienten profitiert. Der Austausch, die unterschiedlichen Ansichten, aber auch Möglichkeiten, geben

Motivation und Inspiration. Wenn sich die Aufmerksamkeit nicht mehr nur auf mich und mein Schicksal beschränkt, sondern ich auch das Leiden anderer Menschen wahrnehme, relativiert sich mein eigenes Schicksal. Jedes Mal bin ich nach Hause gefahren und sah mich gar nicht mehr als so krank. Mein Selbstbewusstsein war gestärkt und das zeigte ich auch nach außen.

Wir sind nicht alleine mit unserer Krankheit und wir haben es mit in der Hand Dinge zu verändern und zu bewegen. Wir leben nicht für, sondern mit dieser Krankheit. Ich weiß von vielen Freundschaften, die durch diese Reha-Aufenthalte entstanden sind, Netzwerke wurden geschaffen, Selbsthilfegruppen gegründet. Durch diese Möglichkeiten wird die Krankheit zu einem Stück Normalität und wollen wir nicht genau dahin? Das Annehmen einer Erkrankung hängt ganz wesentlich davon ab, ob es uns gelingt, eine möglichst positive Grundeinstellung zu uns selbst und den eigenen Lebensmöglichkeiten zu finden. Unser Leben geht trotz häufig massiver Beeinträchtigungen unserer Leistungsfähigkeit weiter. Wir können aber entscheidend dazu beitragen, es zu einem sinnerfüllten Leben mit einer positiven Lebensqualität werden zu lassen. Das heißt aber auch, dass wir selbst bereit sein müssen, einen Teil der Verantwortung für das, was auf uns zukommt, zu übernehmen.

Das Internet bietet so viele Möglichkeiten, Informationen zu sammeln und sich auszutauschen. Nicht wir lassen machen, sondern wir bestimmen mit. Denn Behandlungserfolge sind nicht nur alleine auf die ärztliche Kunst zurückzuführen, sondern hängen auch zu einem wesentlichen Teil von unserer Mitentscheidung ab. Nutzen wir auch unsere psychischen Kräfte, denn positive Gedanken und Emotionen stärken das Immunsystem und regen den körperlichen Heilungsprozess an. Das ist in vielen Studien bewiesen und kommt auch immer mehr in der Schulmedizin an.

So werden wir den Mut finden, uns für unsere Belange zu engagieren und dafür einzutreten. Und nicht nur wir profitieren davon, sondern auch alle anderen Betroffenen, die noch nicht soweit sind und für die wir eintreten können.

8. (M)EINE KLEINE GESCHICHTE

2013 drehte ich mit der Firma medi einen mehrteiligen Lehrfilm mit dem Titel „Leben mit Lymphödem". Unser Ansatz und Ziel war es, einen Aufklärungsfilm für Betroffene und Interessierte zu drehen sowie Therapiemöglichkeiten und praktische Alltagstipps zu vermitteln. Auch der Aspekt Lebensqualität wurde mit hineingenommen.

Ich glaube sagen zu können, dass sich es gelohnt hat, denn der Film vermittelt einen sehr guten Überblick über Möglichkeiten und Hilfestellungen. Außerdem werde ich die Tage mit dem gesamten Team niemals vergessen, denn es war eine professionelle, medizinisch fundierte und einfühlsame Arbeit (die Aufnahmen kann man sich z. B. auf Youtube ansehen oder auch als CD über z.B. medi zuschicken lassen).

Durch diese Dreharbeiten habe ich allerdings gemerkt, welche Dinge mir persönlich noch fehlten oder ergänzt werden könnten, für die in diesem Film gar kein Platz waren.

So kam ich auf die Idee ein Buch über mich und mein Leben mit dem Lymphödem zu schreiben. Anfang 2014 fing ich an und erstellte mein erstes Manuskript. Wie viel Arbeit das wird, wie oft ich noch ergänzen aber auch wieder verwerfen werde, war mir bis dahin nicht bewusst. Ende März 2015 fand ich, dass alles Wissenswerte formuliert war und wollte es schon verlegen lassen.

Mitte April bekam ich aber – nach 6-monatiger Wartezeit, endlich den Bestätigungstermin für eine stationäre lymphologische Reha. Kurzentschlossen nahm ich das für mich fertige Manuskript mit, um es dort nochmal nach Fehlern usw. durchzusehen. Welch ein Glück, dass ich noch vor der Veröffentlichung in diese Reha durfte: zum einen medizinisch. Die Therapeutin war ein wahrer Schatz, die Ärzte sensibel und motoviert und das Sportangebot ein Motor für meine weitere häusliche Umsetzung. Aber das Ausschlaggebende waren – wie auch in den Aufenthalten vorher – die vielen Gespräche mit den Mitpatienten. Hier war ich noch einmal am Ursprung, an der Basis. Ich konnte die unterschiedlichsten Belange herausfinden, Fragen notieren, Anmerkungen aufnehmen, Unsicherheiten notieren, meinen Blick schärfen.

All das überarbeitete ich nochmal konsequent und das Ergebnis halten Sie nun in den Händen. Sicher werden immer wieder Fragen auftauchen und Veränderungen stattfinden. Das ist der Lauf der Zeit und das ist auch gut so. Wenn Sie mögen, schicken Sie mir Ihre Fragen und Anregungen. Ich beantworte diese gerne und werde auch versuchen, das in einer eventuellen nächsten Auflage, mit aufzunehmen.

In Kontakt bleiben, das ist wichtig, egal mit welcher Krankheit. Und jede Reha hat ihre Vorteile. Seien Sie offen und probieren sie aus, solange wir noch die Möglichkeit haben.

Konzentrieren wir uns nicht darauf,
herauszufinden, was uns krank macht,
sondern konzentrieren wir uns darauf,
herauszufinden, was uns gesund macht.

Kapitel 6

Unterstützung bei psychischer Belastung

Die Diagnose „Krankheit" trifft uns immer unerwartet und unvorbereitet. Gerade als Ödem-Betroffener hat man schnell das Gefühl, allein gelassen zu sein und ist ratlos und überfordert. Wie geht es jetzt weiter? Welche Behandlungen muss ich über mich ergehen lassen? Kann ich meinen Beruf weiter ausüben? Werde ich wieder gesund? Was denken die anderen über mich?

Chronische körperliche Erkrankungen, wie auch Lymphödeme und Lipödeme, können in verschiedenen Phasen des Krankheitsverlaufes zu spezifischen Belastungen führen. Einerseits kann es körperliche Probleme, wie das starke Anschwellen der betroffenen Extremität und den daraus resultierenden Begleitsymptomen verursachen, andererseits aber auch psychische und soziale Probleme mit sich bringen. Viele Ärzte haben noch nicht das nötige Wissen oder auch Interesse an dieser Krankheit. Und Mitmenschen wissen nicht, wie sie mit der Situation umgehen sollen. Auch ist man häufig unsensiblen Reaktionen ausgeliefert, denn durch die Umfangsvermehrung fällt man ungewollt auf. Allein die Blicke, die man auf sich zieht, muss man erst einmal aushalten können, denn sie können puren Stress verursachen. In diesem Kapitel möchte ich Ihnen Denkanstöße und Entlastungsmöglichkeiten aufzeigen.

1. Gespräche mit Angehörigen und Freunden

Gespräche mit Angehörigen oder Freunden sind sicherlich ein guter und bewährter Weg, sich mit einer Krankheit auseinanderzusetzen und die Situation zu begreifen. Auch wenn man dazu neigt, den Partner oder die Familie nicht unnötig belasten zu wollen, merken doch gerade diese nahestehenden Menschen, dass etwas nicht in Ordnung ist. Klären Sie die Menschen, die Ihnen nahe stehen, über Ihre individuellen Beeinträchtigungen auf. So können Angehörige Sie bei der Informationssuche unterstützen und sich über das Krankheitsbild informieren. Das gibt Sicherheit, Verstehen und Verständnis im Umgang miteinander.

Erst wenn Sie bereit sind, positive wie negative Gedanken und Gefühle zu teilen, haben andere die Chance, Sie zu verstehen und dementsprechend zu handeln. Sie können dann immer noch entscheiden, mit wem Sie was besprechen möchten. Aber schotten Sie sich nicht ab und geben Sie Freunden und Ihnen nahestehenden Menschen die Chance, Ihnen zur Seite zu stehen. Wenigstens ein Stück. Sie würden doch auch Ihre Hilfe anbieten, wenn es nötig wäre.

2. Die psychologische Psychotherapie

Wenn die Belastung so groß wird, dass zur Krankheitsbewältigung die eigenen Kräfte und die Unterstützung durch Angehörige und Freunde nicht ausreichen, insbesondere wenn massive Ängste und Depressionen auftreten, sollte psychologische Hilfe in Anspruch genommen werden.

„Laut Bundesärztekammer (BÄK) hat jeder Dritte einmal im Jahr psychische Probleme. 40 % der Bundesbürger erkranken einmal im Leben an einem psychischen Leiden, das behandlungsbedürftig ist." Hilfe anzunehmen ist kein Zeichen von Schwäche, denn die psychische und soziale Belastung bei einem Lymphödem, aber auch bei einem Lipödem, ist nicht zu unterschätzen. Häufig ziehen sich Betroffene aus ihrem sozialen Umfeld zurück, denn sie fühlen sich wegen ihres „anderen" Erscheinungsbildes und der Notwendigkeit des Tragens der Kompressionsversorgung unwohl. Wer kann schon immer die mitleidigen Blicke oder Versuche des Wegschauens ertragen? Von Hänseleien ganz zu schweigen. Und wer möchte sich immer erklären müssen?

Zudem bringen häufige Reha-Aufenthalte berufliche Fehlzeiten und Erklärungsnöte mit sich. Ebenso müssen für die regelmäßigen und ständigen Termine für Lymphdrainage viel Zeit eingeplant werden. Wer krankheitsbedingt häufig am Arbeitsplatz fehlt, hat oft Angst, diesen zu verlieren.

Holen Sie sich Unterstützung und gewinnen Sie neue Lebensqualität. Nutzen Sie z. B. die Möglichkeit einer psychologischen Psychotherapie und verstehen Sie diese als Chance, endlich über ihre eventuell peinlichen, schmerzlichen oder angstbehafteten Themen zusprechen. Psychologische Maßnahmen zielen zunächst darauf ab, den Teufelskreis von psychischer Belastung, deren mangelnder Bewältigung und einer dadurch verursachten Verstärkung der Krankheitszeichen zu unterbrechen.

Denn die Grundvoraussetzung für den Erfolg einer Behandlung ist ganz einfach: Sprechen Sie über die Erkrankung. So setzt man sich selbst damit auseinander und gewinnt eine andere Sicht der Dinge. Psychotherapeuten diagnostizieren und behandeln seelische Krankheiten mittels wissenschaftlich anerkannter Methoden und das ist nichts, wofür man sich schämen muss.

Manchmal können wir an einer Situation nichts ändern, was wir jedoch immer ändern können, ist unsere Einstellung zu ihr.

3. Wann zahlt die gesetzliche Krankenkasse eine Psychotherapie?

Die gesetzlichen Krankenkassen übernehmen eine Psychotherapie, wenn zwei Bedingungen erfüllt sind: Der Psychotherapeut muss über eine Kassenzulassung verfügen und beim Patienten muss eine sogenannte „psychische Störung mit Krankheitswert" festgestellt werden. Die Diagnose wird vom Psychologischen Psychotherapeuten während der Probesitzungen gestellt. Zudem stellt er auch fest, ob eine Behandlung notwendig, zweckmäßig und wirtschaftlich ist. Dies ist wichtig für die Kassenabrechnung.

4. Welche Therapieformen werden von den gesetzlichen Krankenkassen gezahlt?

Krankenkassen übernehmen die Kosten, sofern es sich um eine psychische Störung mit „Krankheitswert" handelt. Dazu gehören Angststörungen, Depressionen, Essstörungen, Persönlichkeitsstörungen, psychosomatische Störungen, Süchte, Verhaltensstörungen und Zwangsstörungen.

Für folgende drei Therapieformen werden die Kosten übernommen:

• Kognitive Verhaltenstherapie

Die **Verhaltenstherapie** wurde aus der Lerntheorie entwickelt. Der Psychotherapeut erarbeitet gemeinsam mit dem Patienten neue Verhaltens- und Erlebensmuster, die der Patient mit Hilfe verschiedener Methoden und Übungen erlernt. Ziel ist es, die negativen Muster durch positive zu ersetzen. Das bedeutet, dass auch problematisches erlerntes Verhalten wieder „verlernt" werden kann. Besonders bewährt hat sie sich bei Depressionen und Ängsten, bei Phobien und Panikattacken sowie bei Essstörungen, Süchten und Zwängen. Aber auch bei Problemen der Selbstsicherheit oder stressbedingten Erkrankungen, wie Burnout und Lebenskrisen. Die meisten ambulanten Psychotherapien haben einen Umfang von 25 Stunden (Kurzzeittherapie) bzw. 45 Stunden (Langzeittherapie). Ein wichtiges Ziel ist hier die Hilfe zur Selbsthilfe.

- Tiefenpsychologische Psychotherapie

Bei der **tiefenpsychologisch fundierten Psychotherapie** geht es um unbewusste und verdrängte Konflikte und Gefühle. Indem frühere Erlebnisse und Verhaltensmuster besprochen werden, soll der Patient seine aktuellen Probleme verstehen lernen. Die Dauer einer tiefenpsychologisch fundierten Behandlung dauert ungefähr zwei bis drei Jahre, wobei die Sitzungen ein- bis zweimal wöchentlich stattfinden. Hierbei sitzen sich Patient und Therapeut gegenüber. Durch das wiederholte Erinnern und Durchleben bestimmter Erfahrungen sollen Symptome aufgelöst und geheilt werden. Hier liegt das Ziel auf die Verminderung bzw. Beseitigung der aktuellen Störung.

- Analytische Psychotherapie

Diese Therapie geht auf Sigmund Freud zurück, den Begründer der **Psychoanalyse**. Hier steht das sogenannte „Unbewusste" im Vordergrund und die Behandlung geht daher stärker in die Tiefe. Die klassische Psychoanalyse ist mit 160 bis 300 mehrmaligen Sitzungen in der Woche die

längste und intensivste Form der Psychotherapie.
Hier liegt der Patient auf der Couch, ohne Blickkontakt zum Therapeuten. Dieser Entwicklungsprozess verschafft seelische Erleichterung und ermöglicht eine Veränderung der Persönlichkeitsstruktur. Häufig angewandte Methoden sind zum Beispiel die freie Assoziation oder die Traumdeutung.

5. Weitere mögliche Therapieverfahren

Zwei weitere Verfahren, die als wirksam gelten, für die die Kosten aber noch nicht von der gesetzlichen Krankenkasse übernommen werden, sind die **Gesprächspsychotherapie** und **Systemische Familientherapie**.

Natürlich gibt es auch noch weitere Verfahren, wie z. B. Gestalttherapie, Gesprächstherapie oder Hypnosetherapie. Auch hier müssen die Kosten selbst getragen werden.

Eine Psychotherapie, die den Bedürfnissen und Vorstellungen des Patienten entspricht, kann in der Regel eher helfen, als ein Verfahren, das dem Betroffenen fremd ist. Mindestens genauso wichtig ist, dass sich der Patient bei seinem Psychotherapeuten menschlich gut aufgehoben und fachlich kompetent betreut fühlt. In Bezug auf Lymphpatienten hat das Frauengesundheitszentrum Kärnten folgende Stellungnahme herausgegeben:

> „Doch egal, ob die Störung des Lymphflusses die Folgeerscheinung einer Erkrankung oder angeboren ist, eines teilen die meisten Betroffenen: körperlichen UND seelischen Leidensdruck. Nur ein Drittel aller Patientinnen, die in Österreichs führendem Lymphzentrum stationär aufgenommen werden, sind psychisch unbelastet. Ein weiteres Drittel be-

> nötigt dringend psychotherapeutische Behandlung, das verbleibende Drittel der betroffenen Menschen braucht zumindest psychologische Unterstützung im Umgang mit dem Alltag als Lymphpatientin. Besonders Frauen leiden, neben den oft schmerzhaften Begleiterscheinungen der Krankheit, verstärkt unter den optischen Veränderungen durch das Ödem. Das Körperbild verändert sich zusehends negativ – Selbstwertprobleme, Störungen der Sexualität, sozialer Rückzug, bis hin zu depressiven Verstimmungen, Depressionen und Angststörungen sind die Folge".

Und auch der Leiter des Zentrums für Lymphologie am LKH Wolfsburg teilt diese Einschätzung: „Das Lymphödem ist eine Erkrankung mit systemischen Auswirkungen", so Franz Flaggl.

> „Die Pflege des Ödems beansprucht täglich viel Zeit, die Leistungsfähigkeit der Betroffenen ist oft stark vermindert. Durch den individuellen, aber auch gesellschaftlich bedingten, hohen Leistungsanspruch geraten vor allem Frauen häufig unter Druck".

Scheuen Sie sich also nicht, Hilfe in Anspruch zu nehmen.

6. Wie ist die Vorgehensweise für eine Psychotherapie?

Erkundigen Sie sich bei Ihrer Krankenkasse oder im Internet nach kassenzugelassenen Psychotherapeuten. Manche Kassen haben Listen, die sie auf Nachfrage zur Verfügung stellen. Auf diesen Listen steht auch, welches therapeutische Verfahren angeboten wird.

Vereinbaren Sie telefonisch einen Termin zum Erstgespräch. Wichtig: Sie können entweder mit einer Überweisung oder direkt mit Ihrer Versichertenkarte zum Therapeuten. Manchmal möchte man nicht, dass der behandelnde Hausarzt mitbekommt, dass man zum Psychotherapeuten geht. Hat dieser eine lange Wartezeit – was leider sehr häufig vorkommt - kontaktieren Sie weitere Therapeuten und lassen Sie sich auf die Warteliste setzen. Da das viele Patienten machen, besteht eine gewisse Chance, dass Sie bei Absage eines anderen Patienten, schneller in der Warteliste nach oben rutschen. Sobald der Termin zustandekommt, haben Sie eine bestimmte Anzahl an Probesitzungen, um zu schauen, ob Sie und der Therapeut miteinander und auch dem Verfahren klar kommen. Danach entscheiden Sie mit dem Therapeuten, ob eine Therapie bei der Krankenkasse beantragt wird. Bevor mit der eigentlichen Behandlung begonnen wird, müssen Sie von einem Arzt abklären lassen, ob evtl. auch eine körperliche Erkrankung vorliegt, die zusätzlich medizinisch zu behandeln wäre.

Die Regelungen bei **privaten Versicherungen** sind leider nicht einheitlich. Sie sollten daher sicherheitshalber direkt bei Ihrer Versicherung die Konditionen erfragen oder diese in Ihrer Versicherungspolice nachlesen. Warten Sie auf jeden Fall die schriftliche Leistungszusage ab.

7. Warten auf einen Therapieplatz

Leider sind Therapieplätze sehr rar gesät und Sie müssen notgedrungen einige Monate warten. Was können Sie tun? Schreiben Sie genau auf, welchen Therapeuten (mehrere angeben) Sie wann angerufen haben und mit welchem Ergebnis – wenn Sie überhaupt eine Antwort bekommen.

Wichtig: Es geht um die Wartezeit auf einen Therapieplatz, nicht auf ein Erstgespräch!

Wenn innerhalb einer angemessenen Wartezeit, die ca. 3 Monate beträgt, kein kassenzugelassener Psychotherapeut für Sie einen Platz frei hat, können Sie Folgendes machen: Lassen Sie sich von ihrem Arzt eine Bestätigung für die Notwendigkeit einer Therapie geben und schicken Sie diese mit Ihrer Liste an Ihre Krankenkasse. Außerdem fügen Sie auch noch eine Bescheinigung eines Psychotherapeuten in einer Privatpraxis bei, dass Ihre Behandlung kurzfristig übernommen werden kann. Nun besteht die Möglichkeit, bei Ihrer Krankenkasse die Kostenübernahme bei einem nicht zugelassenen Psychotherapeuten zu beantragen. Denn dort ist die Wartezeit um einiges geringer.

Der § 13 (3) Sozialgesetzbuch V gibt folgende Regelung vor:

> „Konnte die Krankenkasse eine unaufschiebbare Leistung nicht rechtzeitig erbringen oder hat sie eine Leistung zu Unrecht abgelehnt und sind dadurch Versicherten für die selbst beschaffte Leistung Kosten entstanden, sind diese von der Krankenkasse in der entstandenen Höhe zu erstatten, soweit die Leistung notwendig war."

Bei Kostenzusage können Sie sich dann auch von einem nicht kassenzugelassenen Psychotherapeuten oder Psychologen behandeln lassen. Bei Absage besteht die Möglichkeit, mit Verweis auf **§ 13 Abs. 3 SGB V** schriftlich Widerspruch einzulegen.

Wenn man eine Therapie bei einem Heilpraktiker für Psychotherapie machen möchte, werden die Kosten größtenteils nicht übernommen. Hier hat man aber die Möglichkeit, für die Kostenübernahme der heilpraktischen Behandlung eine Heilpraktiker-Zusatzversicherung abzuschließen. Achten Sie bei diesen Verträgen darauf, dass auch der Heilpraktiker für Psychotherapie von der Versicherung als Behandler genannt und akzeptiert ist.

8. Eine Psychotherapie lieber als Selbstzahler?

Ein großer Vorteil der Selbstzahlung ist, dass Patient und Therapeut völlig frei sind, das Thema, aber eben auch die Methode der Therapie sowie ihre Dauer, frei zu wählen. Der große Nachteil liegt sicherlich in den hohen Kosten. Beachten Sie aber: Hat Ihre Krankenversicherung auch nur einmal die Kosten für psychotherapeutische Leistungen übernommen, dann sind Sie bei der Versicherung als „psychisch erkrankt" bzw. „psychisch vorerkrankt" erfasst. Gesetzliche Krankenversicherungen zahlen eine Therapie nur, wenn eine Störung mit Krankheitswert vorliegt, das bedeutet, dass eine Diagnose gestellt werden muss. Dies kann allerdings u. U. von Nachteil beim Abschluss von Lebens-, Arbeitsunfähigkeits- oder privaten Krankenversicherungen sein. Auch unterliegen Sie als Selbstzahler nicht der zweijährigen Sperrfrist nach beendeter oder abgebrochener Psychotherapie wie ein Kassenpatient. Grundsätzlich haben Sie als Selbstzahler mehr Möglichkeiten, eine Therapieform auszusuchen, die – gesetzlich sowieso nicht übernommen – vielleicht besser zu Ihnen und Ihrem Krankheitsbild passt, wie zum Beispiel eine Gesprächstherapie, Hypnosetherapie, Systemische Familientherapie oder Gestalttherapie.

Trotz oder gerade wegen dieser weitreichenden Problematik gibt es verschiedene Wege, die Dinge selbst in die Hand zu nehmen und zu beeinflussen. Denn wenn wir selbst nicht aktiv bei unserer Gesundung mitwirken, dann machen wir es unserem Körper sehr schwer oder gar unmöglich, wieder stärker zu werden. Hören Sie wieder mehr auf sich und Ihren Körper.

- **Entspannungstechniken** wie Autogenes Training, Progressive Muskelrelaxation oder Yoga können die Symptome lindern. Denn es reicht nicht aus, nur auf Ebene der „Sichtbarkeit einer Krankheit" anzusetzen. Vielmehr sollte man auch da ansetzen, wo der Stress entsteht: „im Gehirn". Ziel aller Übungen ist es, einen Zustand der inneren Ruhe herbeizuführen und damit Ängste und Verkrampfungen abzubauen. So reduziert Entspannung den Muskeltonus, die Herz- und Atemfrequenz sowie den Blutdruck. Viele Kurse werden als Präventionsmaßnahme zum großen Teil von den gesetzlichen Kassen übernommen. Bitte erkundigen Sie sich bei Ihrer Krankenkasse.
  Und manchmal sind es die kleinen Dinge, die gut tun. Ich zum Beispiel entspanne, wenn ich mir eine Tasse Kamillentee aufbrühe, meine Beine hochlege und weder lese noch fernsehe. Einfach nichts denken müssen und die Augen schließen. Dann bin ich wieder zu neuen Taten bereit.

- Der Erfahrungsaustausch Betroffener steht in einer **Selbsthilfegruppe** an erster Stelle. Hier haben alle das gleiche Schicksal, man fühlt sich akzeptiert und ernst genommen. Es gibt Informationen zur Krankheit und Verständnis für die persönliche und psychische Situation. So wird man Experte in eigener Sache. Seit einiger Zeit gibt es Selbsthilfegruppen auch online in Foren. Gibt es in ihrer Gegend schon eine Selbsthilfegruppe? Vielleicht haben Sie auch Interesse selbst eine zu gründen? Unter **www.nakos.de** finden sie alle wesentlichen Informationen.

• **Gelassenheit**

Das tägliche Leben mit einem Lymphödem ist zweifelsohne eine Herausforderung. Doch diese Herausforderung könnte auch eine Chance sein, bewusster mit dem eigenen Körper, der eigenen Seele und seinen Bedürfnissen umzugehen. Hören Sie ganz bewusst auf die Signale, die Ihr Körper und Ihre Psyche aussenden und handeln Sie Ihren Bedürfnissen entsprechend. Auch wenn der Zeitaufwand für die Körperpflege an sich schon intensiv genug ist, nehmen Sie sich in diesen Stunden bewusst eine Auszeit vom Alltag und gönnen Sie sich diese Pause. Versuchen Sie Dinge zu tun, die Sie vorübergehend auf andere Gedanken bringt, sei es Ihre Lieblingsmusik, ein Kinobesuch oder das Lesen eines Buches. Trotz Krankheit gibt es viele Momente des Glücks und der Freude.

• Gönnen Sie sich eine **Abwechslung oder eine Veränderung**. Was immer das Problem ist, gilt es Körper, Geist und Seele optimal zu unterstützen, um ein möglichst zufriedenstellendes Leben führen zu können. Machen Sie im wahrsten Sinne des Wortes einen Tapetenwechsel und bringen Sie frische Farbe an Ihre Wände.
Für den Anfang reicht ja schon eine Wand.
Sie werden überrascht sein, wie sehr sich Ihr Wohn- und

Lebensgefühl durch diese Aktion verändert.
Ich miste immer wieder gerne meine Schränke oder Schubladen aus. So entferne ich überflüssige Dinge und habe Platz für neue kreative Ideen. Außerdem mache ich dem ein oder anderen eine große Freude mit meinen „unnötigen" Dingen.

Nutzen Sie den nächsten Regentag nicht, um sich zu Hause einzuigeln. Ziehen Sie wetterfeste Kleidung an und machen Sie einen ausgedehnten Spaziergang, je länger desto besser. Spüren Sie sich und die Natur, wie früher, als Sie noch ein Kind waren. Vielleicht nehmen Sie einfach ein Kind – Enkel oder auch „geliehen" – mit. Zusammen werden Sie es noch unbeschwerter genießen können.

Gönnen Sie sich eine Massage. So können Sie herrlich entspannen und müssen mal an nichts denken. Hier ist das Angebot groß: Ob Fußreflex-, Klangschalen- oder Gesichtsmassage – für jeden Geschmack ist etwas dabei. Ansonsten: Der nächste Geburtstag kommt bestimmt. Es gilt, den Blickwinkel zu ändern und sich nicht nur auf die Krankheit zu fokussieren.

Überlegen Sie, was Sie trotz Ihrer Krankheit alles machen können: Auto oder Fahrrad fahren, Reisen oder Kurztrip, Spazieren gehen und die Natur erleben, mit Freunden und der Familie Zeit verbringen, Geschenke machen und empfangen, den Sonnenuntergang bestaunen oder die Nacht durchtanzen. Wenn Sie mögen, schreiben Sie. Ob Ihre eigene Geschichte wie ich, oder nur für Ihren privaten Gebrauch. Es wird spannend sein, nach einiger Zeit das Geschriebene wieder hervorzuholen und zu sehen, was sich verändern kann.

Wie sagte Albert Schweitzer so treffend? „Jeder Kranke besitzt in seinem Inneren einen Arzt. Das Beste, was wir tun können, ist, diesem Arzt, der im Innern jedes einzelnen wohnt, eine Gelegenheit zur Wirkung zu geben."

10. (M)eine kleine Geschichte

Als ich 1989 das erste Mal zur Reha in einer lymphologischen Klinik war, war mir nicht bewusst, ob eine psychologische Betreuung für Patienten angeboten wurde. Damals lag der Hauptfokus auf der bewährten KPE. Dass durch die unterschiedlichsten Entstellungen psychische Probleme hervorgerufen werden können, wurde weder von den Ärzten noch von den Patienten besonders hervorgehoben.

Viele Patienten waren froh, dass Ihre Erkrankung überhaupt einen Namen hatte und endlich behandelt werden konnte. Dadurch, dass es eine sehr große Klinik war, bekam man schnell Kontakt zu Mitpatienten. Ob beim Sport oder beim Spaziergang – man kam schnell ins Gespräch und jeder erzählte „seine Geschichte".

Hier erfuhr man dann, dass auch viele andere unter diesem immer auch optischen Makel litten. Ob nur der Fuß betroffen war, Arme oder Beine, oder ganze Gesichtshälften – jeder war betroffen, sich so nach außen zeigen zu müssen. Lag in den ersten Jahren der Fokus eher darauf, das kaschieren zu müssen – mit langen Kleidern oder weiten Blusen – gab es einige Jahre später schon gefärbte Bandagen, die nicht nur Jugendliche trugen. Wie oft habe ich alle bewundert, die so offen damit umgehen und sich stolz zeigen, so wie sie nun mal sind.

In den vielen Gesprächen mit Betroffenen kam natürlich auch das Thema „Psychische Belastung" auf. Viele fanden sich unattraktiv, häufig gab es auch noch Druck- und Spannungsschmerzen, Kleidung „von der Stange" wurde die Nadel im Heuhaufen und begleitendes Übergewicht wurde als mangelnde Selbstdisziplin gewertet. Zu hören, dass es anderen auch so geht, nahm etwas Last von den eigenen Schultern. Zu hören, dass es anderen häufig noch schlechter ging als einem selbst, gab mir positive Kraft. Wie oft bin ich nach Hause gefahren und sagte mir: „So schlecht geht es dir gar nicht. Nutze deine Energie und dein Wissen, um aufzuklären und Dinge nach vorne zu bringen".

Mittlerweile bietet jede nicht nur lymphologische Klinik psychologische Sitzungen, Entspannungsverfahren aber auch Informationsveranstaltungen an. Das Thema „Psyche" ist fester Bestandteil dieser Erkrankung, sie wird ernst genommen und es wird darauf eingegangen. Direkt bei der Eingangsuntersuchung kann man darauf hinweisen, dass man während der Zeit des Aufenthaltes einen Termin beim Psychologen möchte. Vielleicht ist das dann ein erster Schritt, sich auch zu Hause ambulant – wenn nötig – professionelle Hilfe zu holen. Diese sollte sich natürlich am persönlichen Bedarf und der individuellen Problemsituation orientieren. Sicherlich sind Gespräche mit Freunden und Familie sehr wichtig, aber auch durch Hinzuziehen von Fachleuten kann eine Entlastung ermöglicht werden und so die Chronifizierung psychischer Einschränkungen verhindert werden.

So gibt es Chancen für konstruktive Veränderungen und Entscheidungen. Denn mehr zu wissen, über die eigene Erkrankung, nimmt Ängste und verschafft mehr Sicherheit bei allen Entscheidungen.

Die wirksamste Medizin
ist die natürliche Heilkraft,
die im Innern eines jeden von uns liegt.
(Hippokrates von Kos)

Kapitel 7

Der Sport mit Kompressionsversorgung

Sport jeglicher Art ist immer noch das Mittel der Wahl, um lange gesund und fit zu bleiben. Ob mit oder ohne Lymphödem.

Doch auch wenn das den meisten Menschen bewusst ist, hat die Techniker Krankenkasse 2013 in einer Studie festgestellt, dass die Mehrheit der Deutschen mittlerweile keinen Sport mehr macht. Nur noch 46 Prozent der Befragten gaben an, sportlich aktiv zu sein. „Das Leben vieler Menschen ist weitestgehend bewegungslos", so belegt es die TK-Bewegungsstudie 2013.

So haben also die Sportmuffel inzwischen die Mehrheit übernommen. Gut geht es ihnen damit allerdings nicht. Jeder zweite Antisportler gibt zu, dass Sport ihm wohl guttun würde, fast ebenso viele räumen ein, dass sie sich in ihrem Körper nicht ganz wohl fühlen. Doch der innere Schweinehund gewinnt immer mehr Macht und macht die Menschen träge.

Wie sieht es da erst bei Menschen aus, die zudem noch krank sind? Die an einem Lymphödem oder Lipödem leiden? Oft noch Begleiterkrankungen, wie offene Wunden oder Rückenprobleme durch Fehlbelastungen haben, und die häufig leider zu viele Kilos mit sich herum schleppen?

Warum es sich lohnt, trotzdem oder gerade deswegen Sport zu treiben, möchte ich hier näher erläutern. Es gilt dabei nicht die Frage „Sport, ja oder nein?" sondern „Wie nehme ich Rücksicht auf mich und meine Erkrankung und respektiere die Bedürfnisse meines Körpers?".

Nehmen Sie Ihre eigenen Grenzen wahr: Nicht zu viel auf einmal, häufiger Pausen machen, nicht mithalten müssen und keine Übungen machen, die Schmerzen oder Einschnürungen verursachen. Besser wenig und konstant, als zu viel und dann gar nichts mehr. Versuchen Sie Ihre Balance zu finden. Hier ist natürlich eine gut sitzende Kompressionsversorgung das A & O.

Fangen Sie mit geringer Belastung an und steigern Sie sich allmählich. Zuviel ist nicht gut, denn durch die Muskelarbeit entsteht mehr Lymphe, die wieder abtransportiert werden muss.

Binden Sie die Bewegung fest in Ihren Alltag ein, versuchen Sie Mitstreiter zu finden, dann müssen Sie sich nicht immer wieder selbst motivieren. Vielleicht gewinnen Sie die ja in Ihrer Selbsthilfegruppe?

Ratsam ist es, eine Sportart auszuwählen, die mithilft, das lymphostatische Ödem zu entstauen. Wählen Sie Sportarten mit fließenden, harmonischen Bewegungen. Bitte immer vorher, wenn schon erlernt, selbst die Entstauungs- und Atemübungen durchführen. In Kapitel 9 stelle ich Ihnen eine einfache, aber effektive Atemübung vor, die ähnlich einer Bauchtiefdrainage wirkt und die Sie ganz einfach selbst durchführen können.

Seien Sie offen und setzen Sie Trainer oder Übungsleiter über Ihre spezielle Erkrankung in Kenntnis. Und ganz wichtig: Jede Bewegung außerhalb des Wassers sollte immer unter lymphologischer Kompression stattfinden. Wenn Sie unsicher sind, fragen Sie Ihren Arzt was für Sie und Ihre Erkrankung gut ist.

Hier eine Auswahl von Sportarten, die Ihnen und Ihrem Ödem entgegen kommt. Es ist nicht wesentlich, für welche Art von Bewegung sie sich entscheiden – vor allem sollte es Ihnen Spaß machen.

1. Fangen wir im Wasser an

- **Schwimmen**: Die Bewegungen beim ruhigen Brust- und Rückenschwimmen sind sehr schonend und doch ein intensives Training für alle Muskeln sowie Herz- und Kreislauf. Zudem werden die Fettpolster angegriffen.

! Bitte immer auf die Wassertemperatur achten.
Thermalbäder sind für viele ungeeignet.
Und es gilt: Kein Sport bei akuten Erkrankungen!

- **Wassergymnastik, Aquajogging und andere Wassersportarten:** Sie sind ideal, da der Wasserdruck die Kompression übernimmt und es auch noch richtig Spaß macht. Das verursacht ein wunderbares Körpergefühl und entspannt. Zudem ist es ein großer Fettkiller. Im Normalfall ohne Kompression, aber auch mit machbar.

! Bitte auch hier die Wassertemperatur beachten.
Empfehlenswert sind bis zu 29 Grad.
Denken Sie auch an die Gefahr einer Pilzinfektion! Deshalb nach dem Schwimmen gut abtrocken und ggf. desinfizieren.

• **Spaziergänge** können langsam aber regelmäßig begonnen und stetig gesteigert werden. Hier kann man sich kleine Ziele setzen, die man zu einem gewissen Zeitpunkt erreichen möchte. Beginnen Sie beim Einkauf und lassen das Auto stehen, schon ist der erste Weg gemacht. Hat man sich erst einmal daran gewöhnt, möchte man den täglichen Spaziergang nicht mehr missen. Vielleicht fallen einem ja Dinge auf, die man im schnellen Vorbeifahren gar nicht wahrnimmt?

• Beim **Wandern** gibt es viele Vorteile. Man muss es nicht lernen und braucht keine teure, spezielle Ausrüstung. Man muss auch nicht verreisen und kann sogar unmittelbar am Stadtrand oder vor der Haustüre die Natur entdecken. Herz, Kreislauf und Fettverbrennung kommen in Schwung, Gelenke und Muskeln werden gestärkt, die Sauerstoffzufuhr wird verbessert und Stress wird abgebaut.

! Auch hier immer auf regelmäßige Pausen achten.
Vergessen Sie nicht ausreichend zu trinken, und nutzen Sie günstige Außentemperaturen.
Tragen Sie auf keinen Fall einschnürende Kleidung.
Achten Sie auch darauf, das Gepäck nicht zu schwer zu beladen und ganz wichtig: Vorsicht vor Sonnenbrand!

• **Nordic Walking** ist leicht erlernbar, schont die Gelenke und trainiert dazu fast jede Muskelpartie. Die Ausrüstung ist schnell angeschafft und leicht zu transportieren. So kann man ohne Probleme fast an jedem Ort der Welt und daher auch auf Reisen in abwechslungsreicher Umgebung, zu allen Jahreszeiten dieser Sportart nachgehen. Viele Vereine bieten Lauftreffs mit unterschiedlichen Leistungsgruppen an. Und in geselliger Runde macht es noch mehr Spaß. Mittlerweile wird Nordic Walking in vielen Rehakliniken angeboten. Hier kann man diesen Sport in aller Ruhe ausprobieren und dann zu Hause weitermachen.

! Die deutlich vermehrte Arm-Schulterbewegung durch den Einsatz der Stöcke ist besonders bei Armlymphödemen zu bedenken. Nicht zu viel belasten und beobachten Sie sich und Ihren Körper genau.
Achten Sie auch darauf, dass die Schlaufen der Stöcke nichts abschnüren.
Natürlich ist dieser Sport immer in Kompressionsbestrumpfung auszuüben.
Der Laufschuh sollte, gerade wenn die Füße mit ödematisiert sind, auf die Beschaffenheit des Fußes und des Laufbodens abgestimmt sein. Nutzen Sie hier die Erfahrung spezieller Laufschuhanbieter.

• **Radfahren** bringt den Körper auf Trab. Es stärkt die Pumpfunktion des Herzens, baut überschüssige Fettpölsterchen ab, kräftigt Muskeln und Lunge und hellt meist die Stimmung auf. Man kann weitere Strecken zurücklegen, sieht mehr und das motiviert weiter zu machen.

Neu ist auch der **FreeCross**, praktisch ein Crosstrainer auf drei Rädern. Das fahrbare und straßentaugliche Gerät wird durch elliptische Schrittbewegung angetrieben. An den Armstangen befinden sich zwei Bremsen, wie bei einem Fahrrad. Der Vorteil im Gegensatz zum Fahrrad ist das zusätzliche Training der Muskulatur in den Armen, Schultern, der Brust und dem Rücken sowie am Po – apropos Po: Da auf dem FreeCross natürlich aufrecht stehend gefahren wird, gehören schmerzende Gesäße der Vergangenheit an.

! Durch Muskelarbeit entsteht mehr Lymphe, die abtransportiert werden muss. Es gilt also auch hier die Balance zu finden. Tasten Sie sich an Ihre Belastungsgrenze heran, ohne Ihr Lymphsystem zu überfordern.
Achten Sie darauf, wie sich die Bewegung auf Ihre Erkrankung und das zugehörige Körperviertel auswirkt. Nichts darf einschneiden oder Schmerzen verursachen.
Entscheidend sind auch das richtige Rad und die individuelle Anpassung. Bitte lassen Sie sich im Fachgeschäft beraten und weisen auf Ihre Problematik hin!
Denken Sie auch an einen Helm.
Bei zusätzlichen Rückenproblemen stellen Sie den Lenker so ein, dass Sie aufrecht sitzen.

• Beim Skifahren empfiehlt sich **Skilanglauf**, denn es wird als gemäßigtes Ausdauertraining geschätzt, das Herz und Kreislauf in Schwung bringt. Auch die Fettverbrennung kommt dabei nicht zu kurz. Es ist leicht zu lernen und beansprucht gleichmäßig den gesamten Körper. Die Belastung der Gelenke hält sich dagegen in Grenzen.

! Bitte nie ohne Helm fahren! Die Sturzgefahr ist nicht zu unterschätzen.
Bei Lymphstau im Bereich der Oberschenkel, Leisten oder Genitalien ist Vorsicht geboten, durch Gefahr des Wundscheuerns im Schritt.

Menschen mit Herzschwäche sollten es bitte langsam angehen und lieber öfter eine Pause einlegen und dabei die schöne Landschaft genießen.

3. Indoortraining kann man bei jedem Wetter machen

• **Tai-Chi-Chuan** und **Qigong** sind Teil der traditionellen chinesischen Medizin TCM. Entspannung, Stressabbau, Meditation und Kampfkunst sind nur einige der zahlreichen Aspekte dieser inneren chinesischen Bewegungskünste. Durch die fließenden Körperbewegungen werden die Energiepunkte aktiviert und in Fluss gebracht sowie alle Systeme, auch das Lymphsystem, angeregt. Wichtig ist, die dazugehörende Atemtechnik zu erlernen. Es ist für Lymphpatienten in jedem Stadium geeignet. Bei Bewegungseinschränkung oder starkem Übergewicht können die Übungen auch im Sitzen durchgeführt werden. Es fördert das eigene Körpergefühl und stärkt die Lebensenergie.

Ein Vorteil des Tai-Chi-Chuan ist sicherlich, dass man keine besondere Ausrüstung und nur wenig Platz zum Üben benötigt. So kann man es nahezu an jedem Ort und ohne besondere Vorbereitungen praktizieren!

! Durch den relativ tiefen Stand sollte auf eine korrekte und stabile Haltung, insbesondere der Knie, geachtet werden, um Schädigungen in den Gelenken vorzubeugen.
Der Begriff „Tai-Chi-Lehrer" ist nicht geschützt. Es gibt den Deutschen Dachverbands für Qigong und Taijiquan (DDQT). Hat ein Lehrer eine Lehrerlaubnis dieser Organisationen, ist das schon einmal ein gutes Zeichen. Es gibt aber auch gute Tai-Chi-Lehrer, die nicht diesen Organisationen angeschlos-

sen sind. Probieren Sie es aus und hören Sie auf Ihr Bauchgefühl.
In Kapitel 9 finden Sie zwei Qigong-Übungen.

- **Tanzen**

Kaum etwas verbindet mehr als gemeinsames Tanzen. Den Anfang für mehr Bewegung zu finden und dabeizubleiben, ist oft leichter in einer Gruppe. Nicht die Leistung alleine ist wichtig, sondern die Freude an der Bewegung und der Musik. Tanzen hält nicht nur körperlich, sondern auch seelisch und geistig fit, durch die Stimulation der Musik, der körperlichen Aktivität und der Gruppendynamik.

Der Fitnesstanz **Nia** – in einer lymphologischen Fachklinik schon erfolgreich durchgeführt – vereint Elemente asiatischer Kampfsportarten mit westlichen Tanzstilen. Vielleicht mögen Sie ja mal etwas Neues ausprobieren?

! Bei Ödemen in den unteren Extremitäten sollte man auf flache und gut sitzende Schuhe achten.

- **Pilates**

Pilates ist eine Mischung aus Yoga, Atemtherapie, Krafttraining und Entspannung.

Der große Vorteil des Pilates-Trainings: Jede Übung ist so aufgebaut, dass sie besonders die tieferliegenden Muskeln des Bauches, des Rückens und des Beckenbodens kräftigt. Und das stärkt gleichzeitig das Körperzentrum, sorgt für eine gesunde Körperhaltung und beugt Muskelverspannungen sowie Rückenbeschwerden effektiv vor.

Die Übungen eignen sich sehr gut für Menschen, die bisher mit Bewegung wenig am Hut hatten. Der Grund: Die Pilates-Übungen sind sanft, schonen die Gelenke und führen nicht dazu, den Körper zu überlasten. Die Methode ist deshalb auch für Menschen empfehlenswert, die vielleicht ein paar Pfunde zu viel auf die Waage bringen. Durch die Konzentration auf Körper, Bewegung und Atmung schaltet der Geist Alltagssorgen aus und tankt neue Energie. Bewusste und tiefe Atemzüge reichern zudem den Körper mit mehr Sauerstoff an – und lösen damit auch muskuläre Verspannungen. Ich mache seit gut einem Jahr Pilates. Übungen, die mir schwer fallen, können auf mein Krankheitsbild abgewandelt werden.

! Auch hier ist der Begriff „Pilates" nicht geschützt. Daher haben sich Pilatestrainer in regionale Pilatesverbänden zusammengeschlossen.
Es ist wichtig, dass der Trainer Wissen über Anatomie hat, um Zusammenhänge im Körper besser zu verstehen. Nicht jede Übung ist für jeden Menschen geeignet.
Vorsicht bei Schäden an der Wirbelsäule! Wer unter chronischen oder akuten Erkrankungen leidet, sollte grundsätzlich seinen Arzt um Rat fragen.
In Kapitel 9 finden Sie zwei Pilates-Übungen meiner Pilates-Trainerin zum Mitmachen.

• **Trampolinspringen** richtig angeleitet, bringt mehr Ausdauer, ist gut fürs Gleichgewicht und fördert den lymphatischen Abfluss. Einfache, federnde Geh- oder Hüpfschritte reichen schon aus, um die Energie in allen Zellen spürbar zu steigern und die Lymphe zum Fließen zu bringen sowie den Blutkreislauf anzukurbeln.

Am liebsten mache ich das mit meinem Enkelkind. So wird aus Sport immer Spaß.

! Bitte immer in Kompressionsversorgung, da es bei zusätzlichen Krampfadern eher schädlich wäre, da das Blut dann mit Kraft auf die defekten Venenklappen drückt und sich somit negativ auf Krampfadern auswirkt. Besser ist also moderates Gehen auf dem Trampolin.
Wichtig: Bitte auf Qualität und Gummiseil-Federung achten! Es gibt unterschiedliche Geräte, je nach Gewicht. Daher unbedingt beraten lassen.

Egal, welche Sportart Sie bevorzugen: Tasten Sie sich achtsam, aber nicht ängstlich an die eigene Belastungsgrenze. Wenn Sie Erfahrungen mit diesen oder anderen Sportarten haben, freue ich mich auf Ihre Hinweise und Rückmeldungen. Für mich und andere Betroffene.

4. Der innere Schweinehund

Doch wie sieht es eigentlich mit dem inneren Schweinehund aus, der natürlich immer wieder zuschlägt? Wie kann man dem vorbeugen?

Auch mir geht es immer wieder mal so. Der Anfang ist gemacht, doch nach kurzer Zeit meldet sich meine Komfortzone.

Mir hilft dann ein Blick in meinen Terminplaner. Hier notiere ich nicht nur wichtige berufliche Termine, auch stehen hier genau meine „Freizeiten", also auch festgeplanter Sport, Enkelbesuche oder Theateraufführungen. Ich freue mich immer, wenn ich alle notierten Termine eines Tages einhalten konnte und streiche diese dann abends genüsslich durch. Ansonsten muss ich dafür einen Platz an einem anderen Tag finden. Alle Termine die dazu kommen, baue ich dann um diese festen Termine herum.

Für viele Menschen ist es wichtig, nicht nur alleine, sondern auch in Gruppen Sport zu machen. Hier bieten viele Sportvereine, aber auch Volkshochschulen und zahlreiche weitere Träger ein umfangreiches Sportprogramm an. Sport zu zweit oder in der Gruppe macht zum einen mehr Freude, zum anderen überwindet man den inneren Schweinehund oft viel leichter, wenn man einen oder mehrere Sport-Partner hat. Außerdem überwiegt das schlechte Gewissen, da man weiß, dass man anderen zunächst absagen müsste, nur um der eigenen Faulheit zu frönen.

Das Schöne an Sport ist: Er macht süchtig! Die beim Sport freigesetzten Endorphine sorgen für ein absolutes Hochgefühl. Nach ein paar Einheiten wollen Sie diese Glücksmomente nicht mehr missen und werden feststellen: Ohne die sportliche Routine am Tag wollen Sie gar nicht mehr ins Bett gehen. Es muss ja kein Marathon sein, den man absolvieren muss – aber schon ein kleines bisschen Bewegung im Alltag macht einen großen Unterschied.

Und bitte sprechen Sie mit Ihren Mitstreitern und Trainern über Ihre individuelle Problematik. Dann braucht keiner mehr zu raten, was Sie haben und warum Sie manchmal anders reagieren. So nehmen Sie Ihr Leben ein Stück mehr in die Hand und tragen Verantwortung dafür, was in Ihrem Leben geschieht.

Gerade nach einem Reha-Aufenthalt sind die Vorsätze immer sehr groß, beim begonnenen Sport- oder Ernährungsprogramm weiter zu machen. Leider sind die guten Vorsätze in der Regel ebenso schnell wieder verworfen, wie sie gefasst sind. Die Liste der Ausreden ist lang: keine Zeit, kein Geld, keine Lust, schlechtes Wetter ... Aber außer Krankheit gibt es keine gute Ausrede. Sport ist eine Frage der Priorität. So sollte man sich fragen, wie man sich besser anspornen und motivieren kann. Folgende Tipps habe ich selbst ausprobiert und hoffe, dass es auch für den ein oder anderen hilfreich ist.

7 Motivationstipps

1. Nach dem letzten Reha-Aufenthalt habe ich auf einem großen Bogen Papier alle für mich wichtigen und guttuenden Bewegungsübungen notiert und skizziert. Dieser Bogen hängt im Arbeitszimmer – zugleich Sportzimmer – direkt beim Crosstrainer. So habe ich die Übungen immer vor Augen und sie geraten nicht in Vergessenheit.

   Wichtige Ernährungstipps hängen, fein säuberlich geschrieben, am Kühlschrank.

2. Überlegen Sie, warum Sie Sport machen möchten. Um Abzunehmen, mehr Beweglichkeit zu erreichen oder mehr Muskeln zu bekommen? Dann konkretisieren Sie dieses Ziel. Z. B. ich möchte in 4 Monaten 5 Kilo abnehmen oder ich möchte weniger Rückenschmerzen haben oder ich möchte es schaffen, 30 Minuten am Stück

zu laufen. Dieses Ziel notieren Sie sich am besten und es sollte so oft wie möglich in ihr Bewusstsein gebracht werden. Kommunizieren Sie es auch nach außen. So sind Sie eher motiviert, an gesteckte Ziele zu arbeiten.

3. Wenn Sie sich ein eigenes Ziel gesteckt haben, beginnen Sie sofort. Nicht erst morgen oder am Wochenende. Überlegen Sie nicht lange und halten Sie immer Ihr Ziel fest vor Augen. Sprechen Sie immer wieder darüber, dann wird es bald zu einem festen Teil von Ihnen.

4. Tragen Sie sich die Trainingszeiten sofort in Ihren Terminkalender ein. Am besten sofort für das ganze Jahr. Dann können Sie wirklich alle anderen Termine drum herum bauen.

5. Ich habe meine Sportsachen immer im Kofferraum meines PKW. Zwei Taschen habe ich mir mit allen nötigen Utensilien fertig gemacht. So dass ich sofort, wenn ein Set gebraucht wurde, das andere mit ins Auto nehmen kann.

6. Ich habe lange gesucht, bis ich die für mich passende Sportart gefunden habe. Probieren Sie also so viel wie möglich und nötig aus. Nehmen Sie Schnuppertage wahr. Denn die Auswahl an Sportmöglichkeiten ist riesig.

7. Folgende „kleine" Bewegungseinheit habe ich in meinen Alltag eingebracht: Mein Auto stelle ich nicht mehr direkt vor dem Geschäft ab, sondern suche mir einen weit entfernten Parkplatz. Denn jeder Schritt zählt!

Zur Weihnachtszeit bekommt man bei uns im Ort schlecht einen Parkplatz. Wir haben aber unweit einen schönen Park mit angrenzenden Parkplätzen. Hier stelle ich dann morgens mein Auto zur Weihnachtszeit ab und genieße den Spaziergang durch die schöne Landschaft. Im Schnee hat es noch einen zusätzlichen Reiz.

Auch habe ich mir ein gutes Fahrrad schenken lassen und fahre damit so oft wie möglich. Ich hatte ganz vergessen, was man beim Fahrradfahren alles sieht und bemerkt.

Fazit: Erkennen Sie die vielen Vorteile von Sport. So tun Sie etwas Gutes für Körper, Geist und Seele, bauen Stress ab und verlieren ganz nebenbei einige Kilos. Sport, gut dosiert und richtig ausgeführt, ist gut für die Lymphe.

6. (M)eine kleine Geschichte

Wer schon einmal in einer Rehaklinik war, weiß wie wichtig der Sport im Therapieablauf eines Aufenthaltes ist. Ob Aquagymnastik, Bauch-Beine-Po, Tai-Chi, Boxen oder Nordic Walking – es wird für fast jeden Geschmack etwas angeboten. Oftmals ist das auch ein guter Einstieg, um zu Hause damit weiter zu machen. Nicht unterschätzen sollte man dann aber auch die Kompressionsversorgung, denn nur eine gut sitzende Kompression macht Freude am Sport und unterstützt den Lymphabfluss.

Es ist irgendein Tag im Juli 2014. Heute wird es Gott sei Dank nicht ganz so heiß. 26 oder 27 Grad sind angesagt. Heute findet auch mein Fitnesskurs statt.

Die meisten Teilnehmer sind schon da, als ich den großen Raum betrete. Jetzt noch schnell die Matte holen und sich einen sicheren Platz suchen. Sicherer Platz? Ja, sicher vor den starren oder verstohlenen Blicken der anderen. Auf die Füße, die Beine. Man sieht förmlich im Augenausdruck die Frage: Wieso zieht die bei dieser Bullenhitze noch diese komischen Strümpfe an? Wenn die wüssten, dass es sogar eine Doppelbestrumpfung ist: also Strumpfhose, Leistenstrumpf und Zehenkappe. Aber was soll´s. Ich versuche das Tempo mitzuhalten, merke aber auch schnell, dass der starke Kompressionsdruck die Übungen natürlich noch viel anstrengender macht. So kann es sein, dass ich nicht so lange wie die anderen das Bein hochhalten kann oder auch manchmal mein Bein einschläft, bei Übungen, die man öfter hintereinander macht. Schneller als die anderen fange ich an zu schwitzen, habe aber genug Wasser mitgebracht.

Ja, manchmal ist das frustrierend auch beim Sport immer wieder an seine Erkrankung erinnert zu werden. Andererseits, wenn ich mir dann meine Mitstreiter anschaue, entdecke ich auch das ein oder andere: Die lange rote Narbe am Bein der blonden Frau neben mir, das starke Übergewicht der jüngsten Teilnehmerin oder die Haltungsprobleme der beiden Frauen ganz vorne bei der Trainerin. Außergewöhnliches oder sagen wir, alles was außerhalb der Norm ist, wird halt schneller wahrgenommen und beobachtet. Vielleicht sollten wir uns selber fragen, wie wir mit „außergewöhnlichen" Menschen umgehen? Wie empfinden wir „ungewöhnliches" und sind wir wirklich so viel anders?

Ja, beim Sport in der Hitze schon, es klemmt, rutscht und ist schweißtreibend, aber es kommen auch wieder kühlere Tage und dann habe ich meine passende Strumpfhose immer dabei. Außerdem macht es wirklich einen flacheren Bauch und meine Haltung ist auch viel besser als ohne Strumpfhose.

Mein Tipp: Wenn Sie wieder mal das Gefühl haben, alle starren auf Ihre Beine, Füße oder Arme, schauen Sie nicht deprimiert weg, sondern lächeln Sie die Menschen direkt an. Schauen Sie sie an und halten den Blick. Das macht Sie sicher und selbstbewusst. Und glauben Sie, wenn sie genau hin schauen, werden Sie bei jedem Menschen irgendeinen Makel finden. Wir haben unseren schon gefunden und sogar die passende Therapie.

Ich habe in meiner Sportgruppe in einem passenden Moment von meiner Krankheit erzählt und die Blicke sind nun nicht mehr verstohlen. Jetzt weiß jeder Bescheid und ich bin nur noch eine aus der Sportgruppe. Allerdings werde ich jetzt häufiger nach Ratschlägen gefragt, denn irgendwie kennt immer irgendwer jemanden, der auch ähnliche Probleme hat.

Ach ja, und noch etwas: Bei meinem letzten Aufenthalt in einer Reha-Klinik sprach ich mit einer Patientin, die mir von einer Begegnung mit einer Nicht-Patientin berichtete, die wissen wollte, in welchem Fachgeschäft man denn so schöne Batikstrümpfe bekäme ... die Frau hatte kein Lymphödem.

Und denken Sie immer daran:
Laufen oder liegen ist besser als sitzen oder stehen.

Das Geheimnis des Erfolgs ist anzufangen.
(Mark Twain)

Kapitel 8

Die Zukunft der Lymphologie

Obwohl die Lymphologie immer noch ein Stiefkind der Medizin ist, geht es in der Forschung stetig voran.

Die verschiedenen Gesellschaften und Verbände forschen und fördern die lymphologische Medizin. Aber auch die Zusammenarbeit und der Erfahrungsaustausch mit nationalen und internationalen lymphologischen Forschungszentren ist wichtig für die Zukunft der Betroffenen.

„Was bedeutet das für Patienten?"

Wenn ich auf die letzten drei Jahrzehnte zurückblicke, kann ich voller Überzeugung sagen, dass medizinisch aber auch öffentlich die Themen „Lymphödem" und „Lipödem" immer präsenter werden. Zum einen durch das Internet und die sozialen Netzwerke, insbesondere Facebook mit den verschiedenen Gruppen. Aber auch im Fernsehen sind immer wieder Beiträge zu sehen – wenn auch nicht immer journalistisch einwandfrei. Noch vor über 20 Jahren hätte ich mir solch eine Präsenz gewünscht, um meiner Krankheit eher einen Namen geben zu können. Das vorrangige Bestreben sollte es aber sein, diese Krankheit kontinuierlich weiter in die Öffentlichkeit zu rücken und dort auch zu halten.

1. Weiterbildung

Ein wichtiges Ziel muss es werden, alle Ärzte über diese Krankheit zu informieren. Es sollte zum einen schon Bestandteil des Studiums sein oder aber Gegenstand von

Weiterbildungen . Durch die verschiedenen Verbände, auch dank engagierter Therapeuten, finden ständig auch ärztliche lymphologische Fortbildungen statt. Durch diese intensiven Schulungen können so Diagnosen, aber auch die Betreuung und Verordnung, besser auf mehrere niedergelassene Ärzte verteilt werden. Lymphtherapeuten haben ebenso die Möglichkeit ihr Wissen durch Refresher-Kurse zu erweitern oder aufzufrischen. Gerade für die Bandagetechnik ist das ein Vorteil, denn leider wird im ambulanten Bereich viel zu wenig bandagiert.

Aber auch Patienten können und sollten sich weiterbilden. So gibt es Lymphschulungen oder Bandageworkshops und auch die Technik des Tapens kann selbst erlernt werden. Eigenverantwortung ist immer noch das Mittel der Wahl, um selbstbestimmt den Alltag und die Krankheit zu meistern.

Zufällig habe ich kurz vor Veröffentlichung des Buches einen Rundbrief der Lymphologic® medizinische Weiterbildungs GmbH gelesen. Dort gab es einen Hinweis zu Lymph-Vorsorgetagen für Betroffene. Aufgeteilt in theoretische und praktische Übungseinheiten, wie Grundlagenwissen zum Lymphsystem, Anregungen zum Selbstmanagement und Übungseinheiten für den Alltag. Ein wunderbares Angebot in schönem Ambiente. Leider sind dieses Jahr schon alle Plätze belegt, aber für das nächste Jahr werde ich mich anmelden. Information und Austausch ist das Optimale für Betroffene und Angehörige. Ich hoffe, dass es bald noch mehr von diesen Angeboten gibt und dass dann auch gezielter für Betroffene publiziert wird. Nähere Informationen finden Sie unter **www.schoenblick-info.de**.

2. Alternative Kompressionsmöglichkeit

Wie wichtig Kompression für Ödempatienten ist, weiß jeder. Doch außer der Flachstrickversorgung und dem Bandagematerial, habe ich für mich folgende Alternative aus Amerika entdeckt: FarrowWrap®. Durch diese Stretch-Kompressionsbinden mit Klettverschluss bin ich in wenigen Minuten bandagiert. Für mich ein Segen, denn wenn ich mich für die Nacht bandagiere, mache ich das meistens zu stramm und muss dann nachts häufig wieder alles abbandagieren. Das geht nun viel schneller, denn durch die Klettverschlüsse kann ich in wenigen Sekunden gezielt neu justieren. Bisher habe ich es nur für die Nacht ausprobiert, weiß aber aus Erfahrungsberichten, dass es auch tagsüber viele Vorteile mit sich bringt. Der Umfang der Extremität ist wie bei der normalen Flachstrickversorgung. Man kann also ganz normale Kleidung und Schuhe im Alltag tragen.

Auch bietet es eine große Hilfe für Menschen, die ihre Kompressionsstrümpfe nicht mehr alleine anbekommen. Man braucht viel weniger Zeit und ist flexibler. Das bedeutet für Betroffene mehr Selbstständigkeit und mehr Lebensqualität. Von medi gibt es jetzt auch ein ähnliches Produkt: circaid®. Ausprobieren lohnt sich bestimmt. Außerdem bin ich mir sicher, dass an dieser Stelle noch weiter geforscht und optimiert wird. Über Erfahrungsberichte würde ich mich sehr freuen.

3. Operationen

Immer wieder kommt die Frage auf, ob es auch noch etwas anderes als die KPE gibt? Ob man das Lymphödem nicht auch chirurgisch behandeln kann? Es gibt ein paar

Operationsverfahren, über die unterschiedlich diskutiert wird. Hier eine ganz kurze Übersicht:

- Bei der **Lymphbahntransplantation** werden aus einer gesunden Region des Körpers Lymphgefäße mikrochirurgisch entnommen und anschließend in die erkrankte Region eingesetzt, damit sie – wie ein Bypass – Lymphflüssigkeit umleiten.

  Schon 1980 hat Prof. Dr. Baumeister im Klinikum Großhadern, nach experimentellen Vorarbeiten weltweit, erstmals Lymphgefäßtransplantationen durchgeführt. Vorrangig werden diese Eingriffe bei einem sekundärem Lymphödem durchgeführt. An dieser Methode wird weiter gefeilt und mittlerweile gibt es weitere Chirurgen wie z. B. Dr. Felmerer an der Universität Göttingen, die solch eine „Wiederherstellung" durch mikrochirurgische Techniken möglich machen.

- Bei der **Lymphknotentransplantation** wird z. B. aus einer gesunden Leiste oder Achselhöhle ein Lymphknotenpaket mitsamt seiner Blutversorgung entnommen und an einer bestimmten betroffenen Stelle wieder unter Mikroskop transplantiert. Dadurch können sich neue Lymphwege bilden.

  Unter **www.lymphknotentransplantation.com** findet man nähere Informationen.

- Eine weitere Möglichkeit ist die **Lympho-venöse Anastomose**. „Bei der supermikrochirurgischen Lymphchirurgie wird ein abflussbehindertes Lymphgefäß an eine oberflächliche, kleine Vene unter einem Mikroskop unter maximaler Vergrößerung mikrochirurgisch angeschlossen. So kann die Lymphe über die Vene abtransportiert werden und die Schwellung des betroffenen Bereiches nimmt ab." Näheres auch unter **www.plastischechirurgie-solingen.de.**

• Die **Liposuktion** (Fettabsaugung) beim Lipödem, ist ein Verfahren, um überschüssiges, krankhaftes Körperfett zu entfernen, das keiner Gewichtsreduktion unterliegt. Die Kosten werden im Regelfall NICHT von den Krankenkassen übernommen, da es sich nicht um eine Regelleistung im Sinne des Leistungskataloges der Krankenkassen handelt.
Näheres auch unter **www.lipoedem-forum.de.**

• Auch gibt es noch die **chirurgischen Resektionsverfahren**. Hier werden nach erfolgreicher konservativer Therapie bei ausgeprägtem Lymphödem schlaffe Hautsäcke entfernt und anschließend die Haut gestrafft.

Informieren Sie sich gut über die verschiedenen Möglichkeiten in Ihrem speziellen Fall. Sprechen Sie mit Ihrem Arzt des Vertrauens und brechen Sie nichts übers Knie. Jede Operation birgt auch Risiken, die nicht zu unterschätzen sind.

So stehen die Therapiemöglichkeiten insbesondere in den letzten Jahren ganz im Zeichen des Wandels.

4. Forschung

National aber auch international laufen viele Therapiestudien und Forschungen. Hier möchte ich zum einen auf die Zeitschrift „Lymphologie in Forschung und Praxis" des viavital Verlags hinweisen und auf einen wirklich informativen Blog, der viele Alternativen, aber auch internationale Forschungsergebnisse aufzeigt: **www. lymphfantastic.com.**

Ich versuche gerade eine Eigenstudie, nämlich durch die tägliche Einnahme von Selen. Dieser Mikronährstoff soll die Entzündungen im Körper hemmen. Das kann ich ganz gut für mich überprüfen, indem ich feststelle, ob und wie viel Erysipele ich unter Selen bekomme. Bei jährlich 2-5 Erysipelen, kann das ein wichtiges Indiz für mich sein. Vor ca. 2 Monaten habe ich damit begonnen und bis dato noch kein Erysipel erlitten. Ich werde das natürlich weiter beobachten und bei Interesse Ihrerseits gerne darüber berichten.

Bleiben Sie informiert, nur so können Sie für sich die optimale Therapie herausfinden.

5. (M)eine kleine Geschichte

Auch wenn ich meine Diagnose erst mit über 20 Jahren bekommen habe, stand für mich sehr schnell fest, dass es für mich noch etwas anderes außer einer lebenslangen KPE geben muss. Zum einen wegen der ständigen Erysipele und den dadurch bedingten Arbeitsausfällen, zum anderen wollte ich aber einmal in meinem Leben normal sein. Normale Kleidung kaufen können, im Sommer barfuß laufen und nicht immer angestarrt werden.

Durch Umwege erfuhr ich, dass es einen Professor in München gibt, der eine Operationsmethode entwickelt hat und in Einzelfällen Lymphödeme operiert. Jeder Lymphologe, den ich danach fragte, war vehement dagegen, da es wohl zu viele Risiken gab. Bei dieser Lymphbahntransplantation werden aus der gesunden Region mikroskopisch feine Lymphbahnen in die kranke Region verpflanzt, damit sich so neue Wege ergeben.

Ich war immer schon ein neugieriger Mensch und so ließ ich mich trotz aller Gegenwehr nicht aufhalten.

1997, als ich 36 Jahre alt war, hatte ich dann meinen ersten ambulanten Termin bei Prof. Dr. Baumeister in München. Es folgten Untersuchungen und ein Gespräch, bei dem nicht klar wurde, ob es in meinem Fall – primäres Lymphödem – geeignet ist. Ich solle zu Hause u. a. noch eine Lymphographie machen lassen, es mir gut überlegen und mich dann wieder melden. Ich ließ eine Isotopenlymphographie machen, war aber selbst unsicher, ob das das Mittel der Wahl für mich ist. Einige Jahre und zahlreiche Erysipele gingen ins Land, bis ich 2009 für mich entschied, dass ich so nicht mehr weiter machen möchte. Also machte ich wieder einen ambulanten Termin bei Professor Baumeister mit der Bitte einer Lymphbahntransplantation. Auch nun wurden wieder einige Untersuchungen und Gespräche geführt.

2010 entschied ich mich dann für diese Lymphbahntransplantation. Nach weiteren Erysipelen und Komplikationen sah ich das als letzen Ausweg. Bei der stationären Aufnahme war meine größte Sorge, dass mein gesundes Bein auch ein Lymphödem bekommt. Denn von hier sollte das Transplantat entnommen werden. Eigenartig war nur, dass ich nicht das Gefühl hatte, endlich bald „normal" zu sein. Dann kam etwas, womit keiner rechnete: Am Abend vor der eigentlichen Operationen sagten mir die Anästhesisten die OP aufgrund meiner Herzfehler ab. Die Verantwortung für eine

Narkose wollte keiner übernehmen. Ich packte meine Koffer und – ich war nicht traurig.

Ich war nicht traurig, aber immer noch neugierig. Wieder durch verschiedene Kontakte erfuhr ich, dass es noch eine weitere Operationsmethode gibt. Auch wieder in München, diesmal rechts der Isar. 2013 habe ich mich dann auf dieser Seite der Isar vorgestellt und nach einer Möglichkeit für mich gefragt. Hier stand man dem Ganzen positiv gegenüber. Nach einem ausführlichen Gespräch machte ich einen Operationstermin fest. Allerdings sagte mir mein Bauchgefühl, dass meine Zeit für diesen Schritt noch nicht gekommen war. Dieses Mal sagte ich den Termin ab.

Der Wissensdrang trieb mich ein Jahr später nach Göttingen zu Dr. Felmerer. Auch er behandelt das Lymphödem mikrochirurgisch. In meinem Fall, bei einem primären Lymphödem, ist diese Operationsmethode allerdings nicht geeignet. Er gab mir aber die Hoffnung, dass es mehrere lymphologisch spezialisierte Forschungsgruppen gibt, die nach neuen Therapieformen forschen. Auch ist die Genforschung auf einem positiven Weg.

Ich bin immer noch neugierig. Habe mich aber dazu entschieden, die Forschungsergebnisse abzuwarten und mich so mit Fachartikeln weiter zu informieren. Ich weiß, dass es noch viele innovative – nicht nur medizinische – Möglichkeiten geben wird. Wenn nicht mehr für mich, dann aber für die kommenden Generationen. Vielleicht wird dieses Buch in 10 oder 20 Jahren von Betroffenen gelesen und genau das ist eingetroffen: Die Heilung des Lymphödems!

Bleiben Sie interessiert,
nicht nur in Ihrem Interesse!

Vielleicht ist es noch ein längerer Weg,
den Du gehen wirst.
Ich wünsche Dir Ausdauer, Zuversicht
und Mut, damit Du Dein Ziel nie aus den
Augen verlierst.

Kirsten Schade

Kapitel 9

Übungen zum Mitmachen

1. Atemübung

Zuerst die immer wiederkehrende Ausgangsübung:

Setzen Sie sich entspannt und aufrecht auf das vordere Drittel eines Hockers oder Stuhls ohne Seitenlehnen. Stellen Sie Füße und Knie schulterbreit auf und lassen Sie die Schultern locker hängen.
Atmen Sie durch die Nase ruhig ein und durch den leicht geöffneten Mund wieder ruhig aus.

Beim nächsten Einatmen kippen Sie das Becken nach vorne. Beim folgenden Ausatmen kippen Sie das Becken wieder in die Ausgangslage.
Wiederholen Sie diese Übung 5-10 Mal.
Atmen Sie langsam und ruhig in Ihrem Tempo.

1. Übung:

Nun nehmen Sie zusätzlich die Hände und Ellenbogen in Brustbeinhöhe.
Die Ellenbogen zeigen nach außen und die Schultern bleiben locker unten.
Beim Einatmen ziehen Sie die Hände nun waagerecht bis auf Augenhöhe nach oben und beim Ausatmen wieder zurück in Brustbeinhöhe.
Wiederholen Sie auch das 5-10 Mal.
Atmen Sie ruhig und in Ihrem Tempo.

2. Übung:

Nun öffnen Sie beim Einatmen die Arme in Brusthöhe

nach außen und beim Ausatmen schließen Sie sie wieder nach innen. Die Handflächen zeigen zueinander.
Sie können die Arme dann ruhig in Brustbeinhöhe verschränken. Wiederholen Sie auch diese Übung 5-10 Mal.
Wiederholen Sie alle Übrungen im Wechsel. So werden die inneren Organe massiert und die Bauchtiefdrainage selbstständig durchgeführt.

2. Übung zur tiefen Bauchatmung aus dem Qigong

Setzen Sie sich entspannt und aufrecht auf das vordere Drittel eines Hockers oder Stuhls ohne Seitenlehnen. Stellen Sie Füße und Knie schulterbreit auf, lassen Sie die Schultern locker hängen.
Atmen Sie bewusst in den Bauchraum. Dabei wölbt sich der Bauch beim Einatmen nach außen und wird beim Ausatmen wieder flacher.
Beim Üben im Sitzen wie auch im Liegen, werden die Hände so auf den Unterbauch gelegt, dass die Handkanten entlang der Leisten aufliegen. Auf diese Weise wird das Untere Dantian (Hauptenergiepunkt unseres Körpers) von den Handflächen bedeckt und damit geschützt.

Zunächst werden alle Bereiche des Körpers entspannt, bis der Atem langsam und sanft geworden ist. Erst dann kann man mit der Übung beginnen.
Beim Einatmen durch die Nase richtet sich die Aufmerksamkeit auf die Wölbung des Bauches. Wenn das Einatmen ein Volumen von etwa 70 % erreicht hat, wird der Atem zwei bis drei Sekunden lang angehalten und dann vollständig eingeatmet. Das Ausatmen geschieht mit einem sanften Luftstrom über den Mund. So übt man neun Atemzyklen oder auch bis zu 10 Minuten lang.

Wie immer soll das Atmen sanft und weich und ohne Anstrengung praktiziert werden.
Zum Abschluss wird das Qi (Atem- oder Lebensenergie) im Unteren Dantian (unter unseren Händen) eingesammelt.
Diese Übung dient zur Stärkung der Vitalität und der Reinigung des Qi (Lebensenergie). Sie aktiviert den Blutkreislauf und damit auch die Versorgung des Gehirns. Unsere inneren Organe werden auf natürliche Weise massiert und ebenfalls gestärkt. Durch das Atmen in den Bauchraum wird die Lunge im vollen Maß bis in die Lungenspitzen genutzt. Gift- und Schadstoffe können sich aus den Lungenspitzen lösen. Diese entstehen, wenn unsere Lunge nur oberflächlich genutzt wird, z. B. bei der meist praktizierten flachen Brustatmung.
Die tiefe Bauchatmung ist ein fester Bestanteil des Tai-Chi-Qigong und wird bei allen Übungen praktiziert.

3. Zwei Pilates-Übungen

Pilates ist ein ganzheitliches Training, basierend auf mehreren Grundprinzipien. Zwei davon sind die Atmung und das POWERHOUSE. Das POWERHOUSE, auch Pilates-Muskeln genannt, besteht aus mehreren tiefliegenden Muskeln zwischen Rippenbogen und Becken.
Eingeatmet wird durch die Nase und ausgeamtet über leicht geöffnete Lippen.

Aktivierung der Pilates-Muskeln: Um die Pilatesmuskulatur anzusteuern verschafft man sich visuell ein Bild von z. B. einer zu engen Hose, die man bei der Ausatmung mit einem Reißverschluss schließt - leicht den Bauchnabel nach innen ziehen. Man kann aber auch an einen breiten Gürtel denken, den man bei der Ausatmung enger schnallt.

Bei den nun folgenden Übungen wird mit einem Ball von einem Durchmesser von ca. 22cm gearbeitet. Der Ball sollte „griffig" aufgepustet sein.

• Übung im hüftbreiten Stand
Die Füße parallel stellen und die Knie leicht beugen. Den Ball zwischen die Hände nehmen und die Arme leicht gebeugt nach vorne auf Brust- oder Bauchnabelhöhe ausstrecken. Bei der Ausatmung bewusst die Pilates-Muskeln aktivieren und bei der nächsten Ausatmung den Ball zwischen den Handflächen gemäßigt zusammendrücken. So wird noch mehr Anspannung im Bauchraum gespürt. Achtung, nicht die Schultern hochziehen! 5-10 Wiederholungen.

Variante: Die Arme an den Körperseiten hängen lassen, auf einer Seite den Ball zwischen Hand und Körperseite nehmen und bei der Ausatmung wieder moderat den Ball gegen die Seite pressen. Achtung, Schultern unten halten! Je Seite 5-10 Wiederholungen.

• Übung im aufrechten Sitz auf dem Boden
Füße aufgestellt, nicht zu nah am Gesäß, keine Enge im Leistenbereich!
Den Ball zwischen die Knie nehmen oder wieder zwischen den Händen positionieren. Die Pilates-Muskeln bewusst anspannen und bei der nächsten Ausatmung den Druck auf den Ball bringen und dabei Wirbel für Wirbel auf den Boden/Matte abrollen, bis der Oberkörper komplett abgelegt ist. Unten einatmen und bei der nächsten Ausatmung umgekehrt in die aufrechte Sitzposition zurückkommen. Hierbei wird der Ball ebenso gedrückt. 5-10 Wiederholungen.

Variante: Im aufrechten Sitz den Ball hinter den Körper platzieren, ungefähr auf Höhe der oberen Lendenwirbelsäule zum Übergang in die Brustwirbelsäule.
Beim Einatmen den Körper in Schräglage bis zum Ball abrollen. Hände an den Körperseiten auf dem Boden oder der Matte ablegen, den Nacken entspannen und die Schultern tief. Versuchen Sie aus dieser Schräglage, soweit es geht, mit der nächsten Ausatmung in die aufrechte Sitzposition zurückzukommen. Dabei ist der Blick nach vorne gerichtet. 5-10 Wiederholungen.

Kapitel 10

Anhang

1. Literaturhinweis

Die folgenden Bücher und Broschüren sind eine Auswahl an weiterführenden Informationen und erheben keinen Anspruch auf Vollständigkeit.

Weiss, Thomas: Lipödem – Rechtzeitig erkennen und richtig behandeln, südwest Verlag, 2015

Kalorien mundgerecht – Das praxisorientierte Handbuch, Neuer Umschau Verlag, 2014

Bühring, Ursel: Praxis-Lehrbuch Heilpflanzenkunde, Grundlagen - Anwendung - Therapie, Haug Verlag, 4. Auflage, 2014

Herpertz, Ulrich: Ödeme und Lymphdrainage – Diagnose und Therapie, Schattauer Verlag, 2013

Bernsen, Christine: Lymphödem bei Brustkrebs – was tun? Uni-Med Verlag, 2. Auflage, 2011

Weissleder, Horst, Schuchhardt Christian: Erkrankungen des Lymphgefäßsystems, viavital Verlag, 2011

Schöhl, Johanna: Aus der Földiklinik in Kooperation mit der Kinderklinik der Albert-Ludwigs-Universität Freiburg, Das primäre Lymphödem des Kindes – Langzeittherapieverlauf und Lebensqualität, vorgelegt 2010

Földi, Michael, Földi, Etelka: Das Lymphödem und verwandte Krankheiten, Urban und Fischer Verlag, 2009

Schingale, Franz-Josef: Lymphödeme, Lipödeme, Schlütersche Verlagsgesellschaft, 2007

Lulay, Gerd Rudolf: Versorgungssituation der Patienten mit chronischem Lymphödemerkrankungen in Deutschland, aus: Gefäßchirurgie, Zeitschrift für vaskuläre und endovaskuläre Medizin, Springer Verlag

Fachzeitschrift Lymphologie in Forschung und Praxis, viavital Verlag

Lympholife®, Das Patientenmagazin des Vereins Lymphologicum

2. Hilfreiche Internetadressen
(Auflistung ohne Anspruch auf Vollständigkeit)

Organisationen, Initiativen und Selbsthilfegruppen

Ratgeber Lymphödem
Informationen für Betroffene und Angehörige
www.lymphoedem.net

Deutsches Netzwerk Lymphologie e. V.
www.lymphologicum.de

Deutsche Gesellschaft für Lymphologie
Verzeichnis von Kongressen, Veranstaltungen, Fachklinken, Ärzten, Therapeuten sowie Fachzeitschriften
www.dglymph.de

Lymphnetzwerk
Das Patienten-Portal informiert über Lymphödeme, Lipödeme, Venen und Wunden und über Behandlungsmöglichkeiten
www.lymphnetzwerk.de

Forum Lymphnetzwerk mit über 7.000 Mitgliedern
www.med-foren.de

Kostenlose Online-Beratung bei Ödemkrankheiten
www.ödemsprechstunde.de

Patientenberatung
www.lymphforum.de

Blog einer Betroffenen mit Alternativen und vielen Erfahrungen
www.lymphfantastic.com

Für Menschen mit Lymphödem, Lipödem und verwandten Erkrankungen sowie Zeitschrift
www.lymphe-und-gesundheit.de

Betroffene von Lip-Lymphödemen und verwandten Erkrankungen aus Deutschland engagieren sich
www.lymphselbsthilfe.de

Lymphschulungen und Weiterbildung

Deutsche Lymphschulung
www.deutsche-lymphschulung.de

Berufsverband der deutschsprachigen Lymphdrainageschulen
www.lymphdrainageschulen.de

Medizinische Weiterbildungs GmbH
www.lymphologic.de

Operationen

Die Lymphknotentransplantation in München
www.lymphknotentransplantation.com

Dr. med. Gunther Felmerer
Leiter Plastische Chirurgie der Uni Göttingen
www.plastische-chirurgie-goettingen.com

Privatpraxis Dr. Katrin Seidenstücker
www.plastischechirurgie-solingen.de

Lipödem

Lipödem Board: Hilfe von und für Betroffene
www.lipoedem-board.de

Alles über das Lipödem
www.lipoedemportal.de

Krebserkrankung

Deutsche Krebsgesellschaft
www.krebsgesellschaft.de

Deutsches Krebsforschungszentrum
www.krebsinformationsdienst.de

Deutsche Krebshilfe
www.krebshilfe.de

Frauenselbsthilfe nach Krebs Bundesverband e. V.
www.frauenselbsthilfe.de

Kompetenztraining für Brustkrebs-Aktivistinnen
www.kombra.de

Psychotherapie

Psychotherapie Informationsdienst
www.psychotherapiesuche.de

Psychotherapeuten finden:
Bundes-Psychotherapeutenkammer
www.bptk.de

Soziale Informationen

Sozialverbände
www.vdk.de
www.sovd.de

Herstellervereinigung für Kompressionstherapie und orthopädische Hilfsmittel
www.eurocom-info.de

Wichtiges zu Hilfsmitteln und Hilfsmittelversorgung
www.rehadat-hilfsmittel.de

Ausführliche Informationen über individuelle (Igel) Gesundheitsleistungen
www.igel-monitor.de

Kontakt und Informationsstelle für Selbsthilfegruppen
www.nakos.de

Unabhängige Patientenberatung Deutschland UPD
www.patientenberatung.de

Internationale Organisationen und Initiativen

Schweizerische Gesellschaft für Lymphologie (SGL)
www.lymphologie.ch

Österreichische Lymph-Liga
www.lymphoedem.at

Niederländisches Netzwerk für Lymph- und Lipödem
www.lymfoedeem.nl

Dänisches Lymphnetzwerk
www.mldy.org

Internationales Lymphödem Netzwerk
www.lympho.org

Organisation, die Spendengelder auf internationaler Ebene sammelt, zwecks Forschung zum Lymphödem
www.lymphaticnetwork.org

3. Lymphologische Fachkliniken
(Auflistung ohne Anspruch auf Vollständigkeit)

Deutschland

Baumrainklinik
Hochstr. 7, 57319 Bad Berleburg
Tel.: 02751/804261
www.lymphklinik.com

Feldbergklinik Dr. Asdonk
Todtmooser Str. 48, 79837 St. Blasien
Tel.: 07672/4840
www.feldbergklinik.de
www.asdonk-online.de

Földiklinik GmbH & Co.KG
Rößlehofweg 2-6, 79856 Hinterzarten
Tel.: 07652/124-0
www.foeldiklinik.de

Klinik Sonnenblick
Amöneburger Str. 1-6, 35043 Marburg
Tel.: 06421/295501
www.drv-hessen.de

Klinikum Freising
Mainburger Str. 29, 85356 Freising
Tel.: 08161/24/4060
www.klinikum-freising.de/abteilungen/lymphangiologie/uebersicht.html

Lympho-Opt Fachklinik
Happurgerstr. 15, 91224 Hohenstadt
Tel.: 09154/911200
www.lympho-opt.de
Ödemklinik Bad Nauheim
Im Reha-Zentrum der DRV-Bund
Lindenstr. 6, 61231 Bad Nauheim
Tel.: 06032/341162
www.ödemklinik.de

RehaKlinikum Bad Säckingen/Leitung Dr. H. Hakuba
Bergseestr. 61, 79713 Bad Säckingen
Tel.: 07761/554-0
www.rkbs.de

Reha-Klinik Schloß Schönhagen
Schloßstr. 1, 24398 Brodersby
Tel.: 04644/901108
www.damp.de

Seeklinik Zechlin
Obere Braminseestr., 16837 Dorf Zechlin
Tel.: 033923/890
www.seeklinik.de
www.asdonk-online.de

St. Georg Fachklinik
Therapieschwerpunkt Lymphologie/Leitende Ärztin Dr. K. Rüger
Kurhausplatz 1, 79862 Höchenschwand
Tel.: 07672/4110
www.fachklinik-st-georg.de

Österreich

Wittlingers Therapiezentrum
Alleestr. 30, A-6344 Walchsee/Tirol
Tel.: 0043/53/745245
www.wittlinger-therapie.com

LKH Wolfsberg – Zentrum für Lympholgie
Paul Hackhoferstr. 9, A-9400 Wolfsberg
Tel.: 00434352/533
www.lkh-wo.at

Schweiz

RehaClinic Zurzach
Quellenstr., CH-5330 Zurzach
Tel.: +41562695151
www.rehaclinic.ch

Krankenhäuser mit lymphologischen Abteilungen

Klinikum Fichtelgebirge Haus Selb
Weißenbacher Str. 62, 95100 Selb
Tel.: 09287/9710
www.klinikum-fichtelgebirge.de
www.khselb.de

Gefäß- und Lymphzentrum Nord-West
Mathias-Spital Rheine
Frankenburgerstr. 31, 48431 Rheine
Pius-Hospital Ochtrup
Piusstr. 5, 48607 Ochtrup
www.gefaess-zentrum-nordwest.de

Inselsberg-Klinik
Michael Wicker GmbH & Co. OHG
Fischbacher Str. 36, 99891 Tabarz/Thüringen
Tel.: 0362/5953-0
www.inselsberg-klinik.de

4. Fachbegriffe

Hier finden Sie eine Übersicht über eine Vielzahl der Fachbegriffe im Buch. Die vorliegenden Definitionen sind so gewählt, dass die Begriffe möglichst greifbar werden und die Sachverhalte in Bezug auf dieses Buch erläutern. Daher haben sie keinen Anspruch auf Vollständigkeit.

- § 13 SGB V Kostenerstattung
(3) Konnte die Krankenkasse eine unaufschiebbare Leistung nicht rechtzeitig erbringen oder hat sie eine Leistung zu Unrecht abgelehnt und sind dadurch Versicherten für die selbstbeschaffte Leistung Kosten entstanden, sind diese von der Krankenkasse in der entstandenen Höhe zu erstatten, soweit die Leistung notwendig war. Die Kosten für selbstbeschaffte Leistungen zur medizinischen Rehabilitation nach dem Neunten Buch werden nach § 15 des Neunten Buches erstattet.

- §9 SGB IX Wunsch und Wahlrecht der Leistungsberechtigten
Laut § 9 des Sozialgesetzbuchs (SGB) IX hat jeder Leistungsberechtigte ein Wunsch- und Wahlrecht, in welcher Einrichtung seine Reha stattfinden soll. Ist dieser Wunsch berechtigt, so muss ihm der zuständige Leistungsträger (z. B. Krankenkasse, Rentenversicherung) entsprechen.
Berechtigt ist ein Wunsch in der Regel dann, wenn er

medizinisch begründet ist. Auch Wünsche, die sich auf die persönliche Lebenssituation eines Patienten, auf seine Religion oder Weltanschauung berufen, können berechtigt sein. Aus Kostengründen und weil sie Versorgungsverträge mit bestimmten Einrichtungen haben, kommen die Leistungsträger jedoch selbst berechtigten Wünschen nicht immer nach. Dann kann man Einspruch einlegen.

• Adipositas
Ausgeprägtes Übergewicht

• AIK
„Bei der apparativen intermittierenden Kompression (AIK) werden die Beine bzw. die Arme von einer doppelwandigen Bein-, Arm-, Hüft- oder Hosenmanschetten bzw. einer Art Luftkissen umschlossen. Ein angeschlossener Luftpulsgenerator (Kompressor) regelt den Luftdruck in den Kammern der Manschette und bestimmt damit die Stärke der Kompression auf die Extremitäten. Je nach Ausführung kann ein Druck von 12 bis 200 mmHg erzeugt werden. Das entspricht dem Druck von Kompressionsklasse I bis IV und stärker" (www.ofa.de/Kompression/Gesundheitswissen).

! Bitte immer erst nach Absprache mit dem behandelnden Arzt verordnen lassen. Es besteht die Gefahr, dass sich bei nicht freimachen der Lymphwege die Lymphflüssigkeit in den Genitalien oder dem Bauch staut.

• Bandagierung
Das Bandagieren ist nötig, um einen anhaltenden Erfolg zu erzielen. Es ist ein Teil der KPE und erfolgt nach der

manuellen Lymphdrainage. Körperlich nicht allzu bewegungseingeschränkte Menschen können lernen, sich selber zu bandagieren. Oftmals kann es auch Sinn machen, über Nacht zu bandagieren.

• BfA
Bundesversicherungsanstalt für Angestellte

• Compliance
Man spricht von Compliance des Patienten als Oberbegriff für dessen kooperatives Verhalten im Rahmen der Therapie. Compliance-Maßnahmen können sein:
Anleitung zur Durchführung von Selbstbandagen, Prophylaxe von Infektionen durch geeignete Hautpflege, Desinfektion bei Wunden oder Verletzungen vermeiden sowie weitere vorbeugende Maßnahmen, wie häufiges Hochlagern der Extremitäten und vermeiden von Wärme. Nur wenn der Patient mitarbeitet, kann ein zufriedenstellendes Resultat erreicht werden.

• Degenerative Veränderungen
Hier: Abnutzungserscheinungen im Bereich der Wirbelsäule

• Endödematisierung
Phase I der Komplexen Physikalischen Entstauungstherapie (KPE), d.h. die größtmögliche Reduzierung des Ödems.

• Erysipel
Ein Erysipel (Wundrose) ist eine bakterielle Entzündung der Haut, die schon durch kleine Verletzungen der Haut z. B. Risswunden, Ekzeme oder Pilzinfektionen entstehen kann.

Es ist eine häufige Komplikation des Lymphödems. Dabei kommt es zu einer schmerzhaften ödematösen Rötung mit flammenförmigen Ausläufern, sehr schlechtem Allgemeinzustand und oft mit starkem Fieber. Auch das Erysipel selbst kann zu einem Verschluss von Lymphbahnen und in der Folge zu einem Lymphödem führen.

• Extremitäten
Gliedmaßen, also Arme und Beine

• Flavonoide
Flavonoide sind wasserlösliche Pflanzenfarbstoffe, die zu den wichtigsten Wirkstoffen in der Phytotherapie gehören. Sie besitzen einen krankheitsvorbeugenden Effekt, weil sie über ein beträchtliches antioxidatives Potential verfügen.
Folgende Nahrungsmittel haben besonders viel Flavonoide: Brokkoli, Endivien, Grünkohl, Tomaten, Weintrauben, Kirschen, Kakao.

• Flowave
„Diese Therapie wird unseres Wissens in Deutschland nur in der Lympho-Opt angewandt. Dabei werden Schallwellen in die zu behandelnden Körperstellen geschickt. Durch Resonanz (mechanisches Mitschwingen der Moleküle und Zellen) werden Verhärtungen im Gewebe gelockert, der Lymphfluss unterstützt, die Versorgung des Gewebes mit Nährstoffen und Sauerstoff verbessert, die Regeneration der innergeweblichen Zellen der Blut- und Lymphgefäße erleichtert und auch viele andere günstige Wirkungen erzielt."
(www.lympho-opt.de)

• Gesprächspsychotherapie

„Gesprächspsychotherapie (klientenzentrierte Psychotherapie) ist eine wissenschaftlich geprüfte Psychotherapieform bei seelischen Beeinträchtigungen, begründet von Carl Rogers. Charakteristisch für die Gesprächspsychotherapie ist

a) Bestimmte Haltungen und Verhaltensweisen des Psychotherapeuten sind entscheidende Wirkfaktoren; sie lösen im Gespräch deutlich förderliche Erfahrungen und Vorgänge beim Patienten/Klienten aus.

b) Das Gespräch ist im gegenwärtigen Erleben und in Erfahrungen des Klienten zentriert.

c) Aussagen über Vorgänge und Wirksamkeit der Gesprächspsychotherapie erfolgen aufgrund empirischer Erforschung des Psychotherapeut-Klienten-Verhaltens."

(aus: Lexikon der Psychologie)

• Hashimoto

Hashimoto Thyreoiditis ist eine chronisch verlaufende Entzündung der Schilddrüse. Die Krankheit verläuft individuell sehr unterschiedlich.

• Hypoplasie der Lymphbahnen

Von Geburt an zu kleine oder enge Lymphgefäße

• i.m.

Bei einer intramuskulären Injektion wird ein Medikament in einen Skelettmuskel injiziert.

• Kinesiotape

Die Kinesio-Taping-Therapie wurde zu Beginn der siebziger Jahre vom japanischem Chiropraktiker Dr. Kenzo Kase entwickelt. Das Kinesio-Taping ist eine ganzheit-

liche und völlig medikamentenfreie Therapie mit einem außergewöhnlich breiten Anwendungsspektrum.
Aufgrund seiner elastischen Eigenschaften ermöglicht das Kinesiotape die vollständige Bewegungsfreiheit. Durch die spezielle Anlagetechnik wird das beklebte Gebiet besonders stark durchblutet und der Lymphtransport wird deutlich verbessert. So kann es unterstützend helfen, Wassereinlagerungen besser abzutransportieren.

• Komplexe Physikalische Therapie (KPE)
Die KPE besteht aus folgenden therapeutischen Komponenten:

1. Hautpflege
2. Manuelle Lymphdrainage (MLD)
3. Kompressionstherapie (Bandage oder Flachstrickversorgung)
4. Bewegung/Entstauungsgymnastik

• Lipödem
Unter Lipödem versteht man eine symmetrische und übermäßige Häufung von Fettgewebe, überwiegend am Gesäß, den Beinen und (Ober-)Armen. Hände und Füße sind frei. Berührungsempfindlichkeit bis starke Druckschmerzen und Neigung bei kleinen Stößen zu blauen Flecken sind weitere Symptome. Es sind fast nur Frauen betroffen und beginnt häufig in der Pubertät. Oberkörper und Unterkörper passen proportional nicht zusammen.

• Lipo-Lymphödem
Durch die dauerhaft hohe Belastung, der das Lymphgefäßsystem beim Lipödem ausgesetzt ist, kann sich nach mehreren Jahren oftmals ein sekundäres Lymphödem

entwickeln. Man spricht dann meist von einem Lipolymphödem.

• Liposuktion bei Lipödem
Hierbei handelt es sich um eine medizinisch indizierte Fettabsaugung: ein Verfahren, um überschüssiges, krankhaftes Körperfett zu entfernen, das keiner Gewichtsreduktion unterliegt. Die Kosten werden in den meisten Fällen nicht von den gesetzlichen Krankenkassen übernommen.

• Lymphfistel
Lymphfistel ist die Bezeichnung für die Öffnung eines Lymphgefäßes an der Körperoberfläche.

• Lymphnetze
Die regionalen Lymphnetze sind ein Zusammenschluss von Ärzten , Therapeuten und Sanitätshäusern mit dem Ziel, die Betroffenen aus Ihrer Region zu unterstützen bei der Suche nach den genannten Fachleuten, die eine lymphologische Weiterbildung haben und mit weiteren Informationen, die helfen können den Alltag zu meistern. Gruppentreffen fördern das Gemeinschaftsgefühl.

• Lymphographie, direkte
„Dieses Verfahren ist recht aufwendig. Es kann für die Lymphabflusswege der Arme und Beine und den weiteren Lymphabfluss im Körperstamm einschließlich der Lymphknotenstationen eingesetzt werden. Es ist bezüglich der Darstellung der anatomischen Verhältnisse am genauesten und erlaubt somit auch die Beurteilung relativ feiner Strukturen. Nach Farbstoffmarkierung der lokalen Lymphgefäße und operativer Freilegung in örtlicher

Betäubung wird eine direkte Kontrastmittelinjektion (16-20 ml) in die Lymphbahnen über bis zu zwei Stunden mit einer speziellen Pumpe vorgenommen. Röntgenaufnahmen während der Injektion und bis zu 32 Stunden danach in bestimmten Intervallen dokumentieren anatomisch recht korrekt sowohl die Lymphbahnen als auch die Lymphknoten im gesamten Abstromgebiet der aufgesuchten Lymphgefäße und lassen Rückschlüsse auf bestimmte Erkrankungen, wie zum Beispiel bösartige Erkrankungen des Lymphsystems (Leukämien, Lymphome, Karzinommetastasen) sowie Lymphabflussstörungen zu." (Wikipedia)
Diese Methode wird heute praktisch nicht mehr verwendet.

• Lymphomat
apparative intermittierende Kompression

• lymphostatische eiweißverlierende Enteropathie
„Man spricht von einer lymphostatischen Enteropathie wenn aufgrund einer funktionellen oder auch organischen Störung der Abtransport der Lymphe aus dem Bereich von Dick- und Dünndarm eingeschränkt ist. Die Ursache liegt meist in einer Hypoplasie der abdominellen Lymphbahnen, aber auch mechanische Verengungen können dafür verantwortlich sein." (aus: Physikalische Therapie, Massage, Elektrotherapie und Lymphdrainage von Antje Hüter-Becker, Mechthild Dölken, Verlag Thieme)

• Magnetfeldtherapie
„Bereits im antiken China und Ägypten setzte man natürliche Magnete zur Heilung von Krankheiten ein und auch

Hippokrates beschrieb Heilungen mit Magneten. Zur Wirkung der Wechselfeld-Magnettherapie wird vermutet, dass die Durchblutung und der Zellstoffwechsels gefördert wird.
Magnetische Wechselfelder induzieren im Körper elektrische Spannungen. Diese könnten die chemischen und physikalischen Vorgänge an Zellmembranen beeinflussen,.
Da man ein Magnetfeld nicht spüren kann, ist die Anwendung schmerzfrei. Manche Patienten berichten jedoch von einem Wärmegefühl oder einem leichten Kribbeln durch die Anwendung."
(www.pascoe.de/de/service/naturheilverfahren)
Magnetfeldtherapie kann die Selbstheilungskräfte unseres Körpers nachhaltig stärken. Doch Wunder darf man nicht erwarten.
Bei Menschen mit Herzschrittmacher oder anderen elektronischen Implantaten sollte grundsätzlich keine Magnetfeldtherapie eingesetzt werden. Es könnte hier zu gefährlichen Wechselwirkungen mit der Steuerelektronik kommen.

• Ödemmanifestation
Sichtbarwerden der Erkrankung

• Osteopathie
Osteopathie ist eine ganzheitliche, naturheilkundliche und manuelle Therapie. Mit Hilfe dieser Behandlungsform können Funktionsstörungen des Körpers erkannt und behandelt werden. Das Ziel ist die Wiederherstellung der Harmonie des Gesamtorganismus und seiner Selbstheilungskräfte.

• Penicillin-Depotspritzen

Regelmäßig alle 2–4 Wochen bekommt man Penicillin intramuskulär i. m. gespritzt, um die Gefahr wiederholter Erysipele einzudämmen.

• Phase I der Komplexen Physikalischen Entstauungstherapie (KPE)

Ziel der ersten Phase ist es, eine Reduktion des Umfanges der betroffenen Gliedmaßen zu erreichen.

„In dieser Phase wird der Patient täglich mittels der MLD, der Hautpflege, der Kompressionsbandage und der Bewegungstherapie behandelt. Die Bandage wird von einer bis zur nächsten Behandlung getragen. Wie lange diese Phase dauert, ist abhängig vom Ödemausmaß, von der Ödemkonsistenz und möglichen Begleiterkrankungen. Die Entödematisierungsphase kann 2-6 Wochen dauern." (Deutsche Gesellschaft für Lymphologie)

• Phase II der Komplexen Physikalischen Entstauungstherapie (KPE)

Die Phase 2 dient dazu, die in Phase 1 erzielten Erfolge und Ergebnisse zu erhalten.

• Podologie

Podologie ist die nichtärztliche Heilkunde am Fuß. Ein Podologe ist in der Lage so genannte „Risikopatienten", wie Diabetiker, Bluter und Rheumatiker, entsprechend ärztlicher Verordnung fachgerecht zu behandeln und mit den Kassen abzurechnen.

• primäres kongenitales Lymphödem

Primäre Lymphödeme sind angeboren und selten. Ein

kongenitales Lymphödem tritt bei der Geburt auf und entsteht vornehmlich aufgrund einer Fehlbildung des Lymphsystems (Aplasie oder Dysplasie).

• Progredienz
Fortschreiten bzw. Verschlechterung eines Krankheitszustandes.

• Rezidiv
Wiederkehrend, Rückfälle

• sekundäres Lymphödem
Entsteht meist als Folge einer Lymphknotenoperation und/oder Bestrahlung wegen einer Krebserkrankung. Seltenere Ursachen sind schwere Traumen mit Zerreißung von großen Lymphbahnen, chronisch wiederholte Entzündungen von Lymphbahnen und Lymphknoten, und in den Tropen parasitäre Erkrankungen des Lymphsystems durch Würmer (Filarien).

• Sklerose
Unter Sklerose versteht man eine Verhärtung von Organen oder Gewebe durch eine Vermehrung des Bindegewebes. Die Sklerose ist also keine eigenständige Krankheit, sondern Folge einer anderen Grunderkrankung.

• Skoliose
Unter Skoliose bezeichnet man eine Seitenverbiegung der Wirbelsäule mit gleichzeitiger Verdrehung der Wirbelkörper.

• SoVd Sozialverband Deutschland
Dieser Sozialverband mit z. Z. 560.000 Mitgliedern in

2.300 Ortsverbänden vertritt die Interessen der Rentner, Patienten und gesetzlich Krankenversicherten sowie der pflegebedürftigen und behinderten Menschen.

- Sozialverband VdK Deutschland

Dieser Verband vertritt über 1,7 Millionen Mitglieder in 13 Landesverbänden mit rund 8000 Kreis- und Ortsverbänden: Rentnerinnen und Rentner, Menschen mit Behinderung, chronisch Kranke, Pflegebedürftige und deren Angehörige, Familien, ältere Arbeitnehmer und Arbeitslose.

- Systemische Familientherapie

Bei diesem psychotherapeutisches Verfahren liegt der Schwerpunkt auf dem sozialen Kontext psychischer Störungen, insbesondere auf Interaktionen zwischen Mitgliedern der Familie und deren sozialer Umwelt.

Kontakt

GenerationenBeratung IHK
Neuer Wall 2 (Wallzentrum)
47441 Moers

Telefon: 02841 8824388
E-Mail: info@generationenberatung-moers.de

www.generationenberatung-moers.de

www.lebenmitdemlymphoedem.de

Kirsten Schade, geboren 1961 in Moers, ist seit der Geburt an einem primären Lymphödem erkrankt.
Leider ist diese Erkrankung immer noch bei vielen Ärzten und Patienten relativ unbekannt.

Durch zahlreiche Reha- und Krankenhausaufenthalte hat sie schon in jungen Jahren viele Patienten über diese Krankheit aufgeklärt.
Seit 2004 arbeitet sie freiberuflich in ihrer eigenen Beratungspraxis für kranke und schwerbehinderte Menschen sowie deren Angehörige. Hier berät sie von der Pflegeberatung bis zu Patientenverfügungen nicht nur Patienten, die an einem Lymphödem erkrankt sind.

Ihre zahlreichen Erfahrungen und hilfreichen Tipps im Dschungel der Anträge und Widersprüche, aber auch was Betroffene selbst aktiv tun können, um mit dieser chronischen Krankheit besser zu leben, möchte sie mit diesem Ratgeber umfassend und verständlich weitergeben.

tredition®